キレイに縫える

ソーイングの基本

もくじ

基礎の基礎

洋裁用具 …………………………………… 4
針・糸の種類 ……………………………… 5
ミシンで縫う
 1 縫い始めの準備 ………………………… 6
 2 試し縫い ………………………………… 6
 3 糸調子のチェック ……………………… 7
 4 縫い始め（返し縫い）………………… 7
 5 本縫い …………………………………… 8
 6 縫い終わり（返し縫い）……………… 8
縫い代の処理の基本
 割る ………………………………………… 9
 片倒し ……………………………………… 9
 毛抜き合わせ …………………………… 10
 控える …………………………………… 10
アイロン用具 ……………………………… 11
アイロンの使い方 ………………………… 12

縫い合わせの基本

角の縫い合わせ方（凸の場合）
 直角を縫う場合 ………………………… 13
 とがった角を縫う場合 ………………… 15
角の縫い合わせ方（凹の場合）………… 16
角のある切り替え線の縫い合わせ方 … 18
角と直線の縫い合わせ方 ……………… 20
曲線の縫い合わせ方（凸の場合）
 曲線がゆるやかな場合 ………………… 22
 曲線がきつい場合 ……………………… 24
曲線の縫い合わせ方（凹の場合）
 曲線がゆるやかな場合 ………………… 26
 曲線がきつい場合 ……………………… 28
曲線の切り替え線の縫い合わせ方 …… 30
円と直線の縫い合わせ方 ……………… 33

縫い代の始末の仕方

三つ折り縫い ……………………………… 36
三つ折り端ミシン ………………………… 38
折り伏せ縫い ……………………………… 40
額縁仕立て ………………………………… 42
袋縫い ……………………………………… 44

縁どりの仕方

バイアステープの作り方 ………………… 47
直線の縁どり ……………………………… 48
曲線の縁どり
 凸曲線の縁どり始末 …………………… 50
 凹曲線の縁どり始末 …………………… 51

ボタン穴の作り方

- ボタン穴の大きさと位置の決め方 …… 84
- 片止め穴かがり …… 85
- 両止め穴かがり …… 88
- はと目つき穴かがり …… 91
- 布ループの作り方・つけ方 …… 94

ボタンのつけ方

- 足つきボタンのつけ方 …… 98
- 四つ穴ボタンのつけ方 …… 100
- 二つ穴ボタンのつけ方（力ボタンをつける場合）…… 102

ファスナーのつけ方

- ファスナーのつけ方 …… 104
- コンシールファスナーのつけ方 …… 108

オープンファスナーのつけ方

- 務歯が隠れるつけ方 …… 112
- 務歯が隠れるつけ方（見返し仕立て）…… 115
- 務歯が見えるつけ方 …… 118
- 務歯が見えるつけ方（見返し仕立て）…… 120

その他の縫い方

- ひもの縫い方 …… 122
- 糸ループの作り方 …… 124

見返し始末の仕方

- 直線の見返し始末
  - 方法1 …… 53
  - 方法2 …… 54
  - 方法3 …… 55
- 角の見返し始末 …… 56
- 曲線の見返し始末 …… 57
- スラッシュあきの見返し始末 …… 58
- バイアステープを使った直線の縫い代始末 …… 60
- バイアステープを使った曲線の縫い代始末 …… 61

部分的な縫い方

- ダーツの縫い方（三角形の場合）…… 62
- ダーツの縫い方（ひし形の場合）…… 65
- ギャザーの縫い合わせ方 …… 68
- フリルの縫い合わせ方 …… 72
- タックの縫い方 …… 74

副資材のつけ方

- スプリングホックのつけ方 …… 76
- カギホックのつけ方 …… 78
- スナップのつけ方 …… 81

用語・索引 …… 127

基礎の基礎

縫い始める前に・・・

「縫い始めると言っても、何から始めたらいいかわからない。」「縫い代を割るってどうやるの？」「返し縫いって何？」そんな疑問を持つ方のために、この基礎の基礎ページではミシンの基本的な縫い方、アイロンの使い方といった、縫い方のページでは解説されない洋裁用具や基本的な知識など、「今さら聞けない基礎の基礎」をご紹介します。縫い始める前にぜひご確認ください。

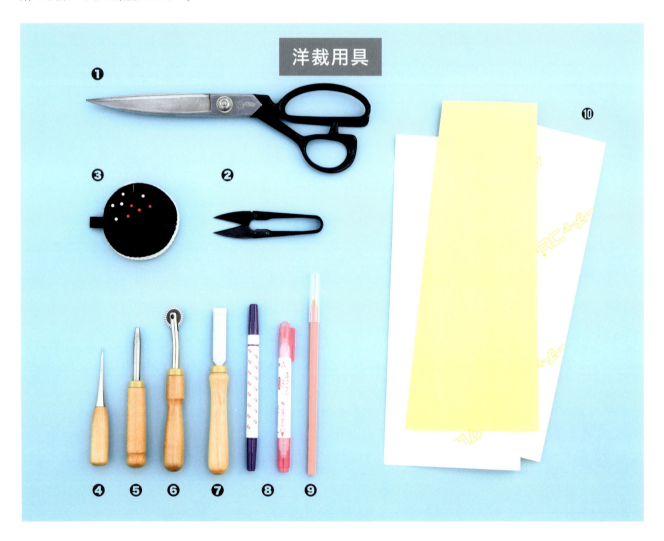

❶ 裁ちばさみ
❷ 糸切りばさみ（小ばさみ）
❸ 針山
❹ 目打ち
❺ ポンチ
❻ ルレット
❼ ノミ
❽ チャコペン
❾ チャコ鉛筆
❿ 紙チャコ

針の種類

洋裁で使用する針にはいくつか種類があります。用途に合わせて、それぞれ使い分けましょう。

手縫い針

縫い糸を針穴に通して生地の縫い合わせに使用する針です。長針と短針があり、号数の数字が大きくなるほど細くなります。

刺しゅう針

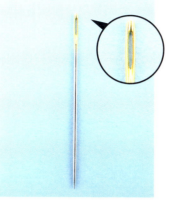

刺しゅう糸を通して使うため、手縫い針より糸通しの穴が広く、主に刺しゅうに用います。本書では、針穴が広いことを利用して布ループを表に返す時に使用しています。生地の縫い合わせには使用しません。

まち針

先に飾りがついた針で、主に縫い合わせの生地をとめるのに使用します。

ミシン針

ミシンに取りつけて使用する針です。号数が大きくなるほど針は太くなります。生地に合った太さの針を使用しましょう。

糸の種類

手縫い用の糸と、ミシン用の糸では糸の撚りが違います。これはミシン糸はミシンの構造、手縫い糸は手の動きに合わせて、それぞれ糸がよじれにくいように工夫されているからです。
基本的には手縫いには手縫い糸、ミシンにはミシン糸を使用するようにしましょう。

手縫い糸

生地の縫い合わせに使用する糸です。使用する生地に合わせて素材と種類を選びます。裾のまつり縫いにはまつり糸や手縫い糸、ボタンつけには太めのボタンつけ糸、ボタン穴の穴かがりには穴糸など、目的に合わせて糸を選びます。

しつけ糸（しろも）

仮縫いやしつけ、縫い印（切りじつけ）、縫い代の中とじなどに使用します。糸自体が弱く切れやすいため、縫い糸としては使用できません。

ミシン糸

ミシンにセットして使用する糸です。生地の厚さや素材に合わせて、糸を選んで使用します。

糸と針の選び方

薄地
（オーガンジー、ローン、シフォンなど）

ミシン針：7番〜9番
ミシン糸：90番

普通地
（ブロード、サテン、ギンガムなど）

ミシン針：11番
ミシン糸：60番〜50番

厚地
（デニム、帆布、ツイードなど）

ミシン針：14番〜16番
ミシン糸：60番〜30番

ミシンで縫う

まず、生地に合わせて針と糸の太さを選び、正しくミシンにセットします。縫い始める前に生地の余り布を使用して試し縫いをし、上糸と下糸の糸調子を正しく合わせます。

1. ミシンの縫い始めの準備

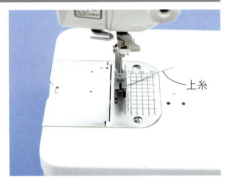
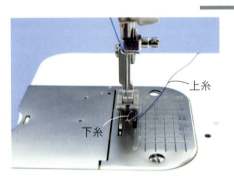

③ 糸がからまないように上糸と下糸を後方に流す

② 上糸を軽く持ち、はずみ車を回して下糸を引き出す

① 押さえ金を上げて上糸をかけ、針穴に上糸を通す

ココが上がっているのを確認

2. 試し縫い

④ 生地を後ろ側に引き、ミシンにつながっている側の糸を長めに残して切る

③ 針が一番上まで上がっていることを確認し、押さえ金を上げる

② 右手は生地がずれないように2枚を一緒に持ち、左手はミシンの送りに合わせて生地に添えて縫い進める

① 生地は2枚重ねて置き、針を落として押さえ金を下ろす

3. 糸調子のチェック

試し縫いをしたら糸調子をチェックしましょう。
ミシン目の表面（上糸）と裏面（下糸）を見て、「正しい糸調子」の
ミシン目になるように上糸の強さを調整します。

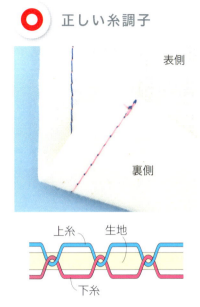

⭕ 正しい糸調子

上糸と下糸が布の中央でからみ合って、丁度良い強さで縫われています。

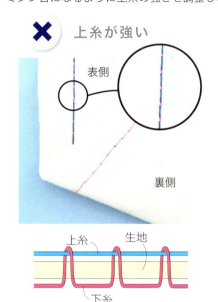

❌ 上糸が強い

上糸が強く、下糸が上糸に引っ張られて表面にポツポツと出ている状態。ボビンケースの糸調子を整えてから上糸をゆるく調整します。

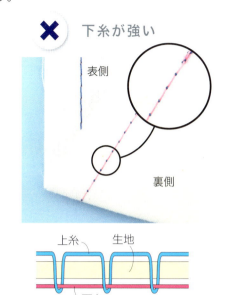

❌ 下糸が強い

上糸が弱く、上糸が下糸に引っ張られて裏面にポツポツと出ている状態。ボビンケースの糸調子を整えてから上糸をきつく調整します。

※ボビンケースを使用するミシンの場合

ボビン　ボビンケース

ボビンケースは小さなネジ部分を閉めたり緩めたりすることで糸調子が変わります。糸を持ってボビンケースを吊るし、落ちる時に少し引っかかりがあるのが良い状態です。ストンと下まで落ちてしまったり、上下に少し振っても全く落ちない状態だと、糸調子が悪くなります。ネジ部分で調整し、確認してから使用してください。

下糸はボビンにムラなく巻きましょう

4. 縫い始め（返し縫い）

縫い始めと縫い終わりは「返し縫い」をし、糸がほつれないようにします。

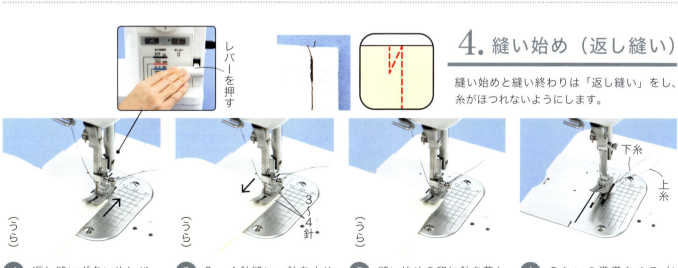

④ 返し縫いボタンやレバーを押し、縫い始めまで縫い戻る（返し縫い）

③ 3～4針縫い、針を止める

② 縫い始めの印に針を落とし、押さえ金を下ろす

① ミシンの準備をする（1 ミシンの縫い始めの準備参照）

5. 本縫い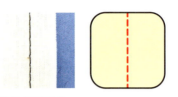

縫いずれを防ぐワンポイント！

✕ 右手で生地を斜めに引くと縫い線が曲がりやすくなるので、ミシンに対してまっすぐ持つこと

（うら）布がずれていないか確認しながら、下側の布を少し引き気味に持って縫う

（うら）目うちを使って押さえながら縫う

（うら）右手は生地がずれないように2枚を一緒に持ち、左手はミシンの送りに合わせて生地に添えて縫う

※サンドペーパーを使用して縫う方法もあります（17ページ参照）

6. 縫い終わり（返し縫い）

④ 針が一番上まで上がっていることを確認し、押さえ金を上げ、糸を切る

③ 再度、縫い終わりの位置まで縫う

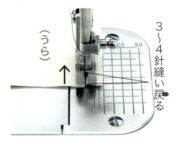
② 返し縫いボタンやレバーを押し、3～4針縫い戻る（返し縫い）

① 縫い終わりの位置まで縫い、針を止める

縫い代の処理の基本

割る

「縫い代を割る」「縫い割る」などと表記されます。縫い代を開いて左右に分けるので、薄く仕上がります。

出来上がり

② 縫い代をしっかり左右に開き、アイロンの先を使って縫い代を押さえる

① 生地を縫い合わせ、縫い目をアイロンで落ち着かせる

片倒し

「縫い代を片倒す」「○○側に倒す」などと表記されます。縫い代を生地のどちらか一方に倒すので、縫い代が倒された方は少し厚く仕上がります。

出来上がり

② 縫い代を左右どちらか一方に倒し、アイロンの先を使って縫い代を押さえる

① 生地を縫い合わせ、縫い目をアイロンで落ち着かせる

毛抜き合わせ

表側と裏側、どちらも控えず毛抜きの先のように縫い目が突き合わされている状態。縫い線（縫い合わせの生地の境目）が布端になり、表から見ても裏から見ても同じ仕上がりになります。

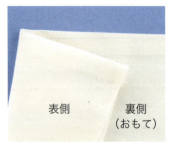

出来上がり

3 表に返し、縫い線を一直線にぴったりと合わせるようにして、アイロンで押さえる

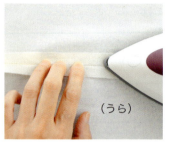

2 縫い目を伸ばさないよう、押さえるように縫い代をアイロンで割る。曲線や割れない場合は、縫い目で片返しにする

1 生地を縫い合わせ、縫い目をアイロンで落ち着かせる

控える

「○○側を控える」というように控える側が指定されます。裏側（控える側）から見ると、縫い線（縫い合わせの生地の境目）が確認でき、表側の生地が少し見えるように仕上がります。ずらした表側からは縫い目が見えない状態になります。

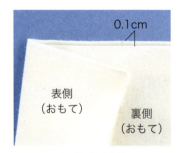

出来上がり

3 表に返し、表側から縫い線が見えないように裏側に0.1cmずらして（控えて）アイロンで押さえる

2 2枚一緒に縫い線で折る。この時、折る線がずれると表に返した時キレイに仕上がらないので注意する

1 生地を縫い合わせ、縫い目をアイロンで落ち着かせる

アイロン用具

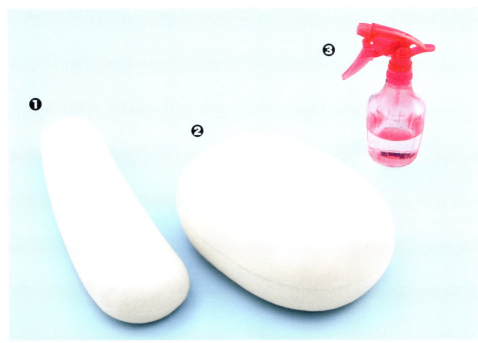

❶ 袖まん
❷ プレスボール
❸ 霧吹き

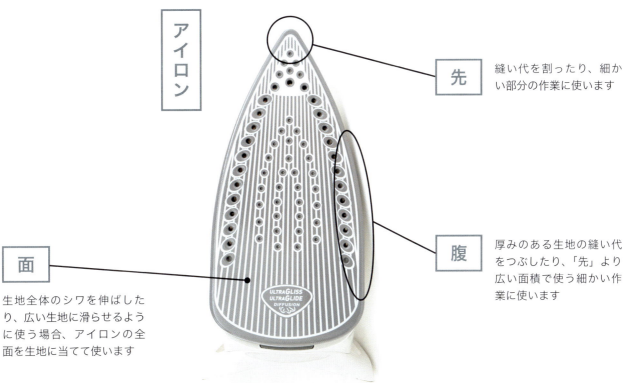

アイロン

先 縫い代を割ったり、細かい部分の作業に使います

腹 厚みのある生地の縫い代をつぶしたり、「先」より広い面積で使う細かい作業に使います

面 生地全体のシワを伸ばしたり、広い生地に滑らせるように使う場合、アイロンの全面を生地に当てて使います

アイロンの温度の選び方

アイロンの温度は生地に合わせて選びます。生地に対して温度が低いと、シワが伸びにくいことがありますが、温度が高すぎると、焦げる、溶けるなど、生地が傷む原因になりますので注意してください。

高（180〜200℃）　麻・綿など
中（140〜160℃）　ウール・シルク・ポリエステル・ナイロンなど
低（80〜120℃）　アクリル・ポリウレタンなど

※アイロンの温度は目安です。必ず試しがけをして、生地が傷まないか、縮まないかなど確認してから使用してください。

アイロンの使い方

アイロンを使うときは、必ずアイロン台やアイロンマットなどを下に敷き、その上で使用してください。縫製の工程で使用する際は、生地を傷めないように裏面からかけます。表面からかける時は当て布をしてください。

アイロンを押さえるようにかける

縫い代を割る、片返す、縫い目を押さえるなどの作業中のアイロンや、接着芯をはったり地直しをする場合は上から布を押さえるように使います。

アイロンをすべらせるようにかける

軽いシワ取りで生地を平らな状態に整える時や、生地のくせとりの時は、アイロンを布に置いたまま滑らせるように移動させます。

縫い合わせの基本

 角の縫い合わせ方（凸の場合）

洋服を作っていく時によく出てくるのが、角を縫う作業。普段何気なくこなしている工程ですが、中にはキレイに角が出せないという方もいるのでは？ 角縫いは少し手を加えるだけで仕上がりにグンと差が出てきます。

直角

おもて

とがった角

おもて

直角を縫う場合

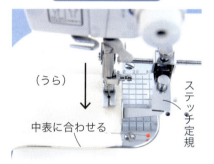

① 角まで縫う

② 角に針を落とした状態で止める

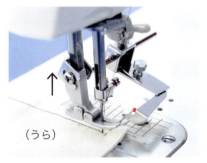

③ 針を落としたまま、押さえ金を上げる

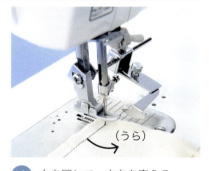

④ 布を回して、方向を変える

⑤ 押さえ金を下ろす

⑥ 縫い進める

⑦ 縫い目を落ち着かせるため、ミシン目にアイロンをかける

※蒸気口の近くに指を置くと、やけどする可能性があるので注意しましょう。

⑧ 縫い目の位置で、縫い代を2枚一緒に折る

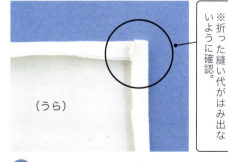

⑨ もう一方も同様に折り、角の部分を折りたたむ

※折った縫い代がはみ出ないように確認。

縫い合わせの基本　角の縫い合わせ方（凸の場合）

11　縫い代を押さえたまま、角を押し出すような感じで表に返す

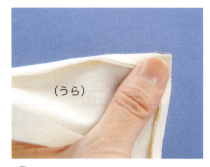
10　中に指を入れて、角の縫い代を人差し指と親指ではさみ、押さえる

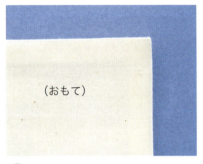
13　出来上がり

※目打ちで力まかせに引き出すと、織り糸を引っぱってしまうので、やさしく少しずつ角を出していくようにしましょう。

12　目打ちを使って少しずつ角を引き出して整える

仕上げに差が出る！ワンランクアップテクニック

はがき程度の厚紙を表に返した角の中に入れてアイロンをかけると、縫い代のアタリが出ず、キレイに仕上げる事が出来ます。

縫い代がかさばる場合

折り重なった縫い代が布の厚みや織り方でかさばる場合は、角の縫い代をカットするとすっきりと仕上がります。

※縫い代のきわまでカットすると、ほつれてしまう場合があるので注意！！
NG

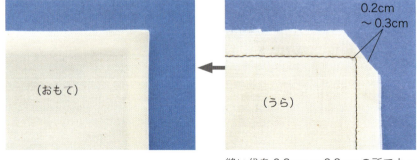
縫い代を0.2cm〜0.3cmの所でカットする

縫い合わせの基本　角の縫い合わせ方（凸の場合）

とがった角を縫う場合

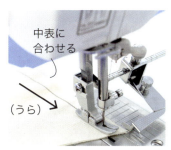
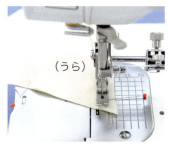
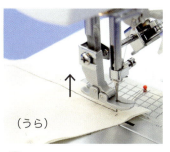
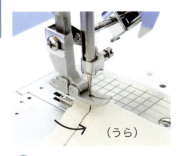
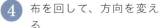

④ 布を回して、方向を変える

③ 針を落としたまま、押さえ金を上げる

② 角に針を落とした状態で止める

① 角まで縫う

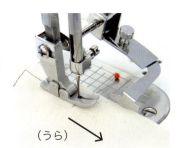
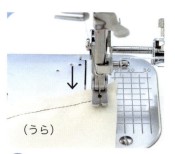

⑦ 縫い目を落ち着かせるため、縫い目にアイロンをかけてから、縫い目の位置で2枚一緒に縫い代を折る

⑥ 縫い進める

⑤ 押さえ金を下ろす

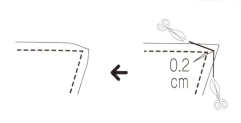

角をカットする時は縫い代をまっすぐ切るのではなく、縫い代側を少し多めに切ると縫い代がかさばらず、スッキリ仕上げる事が出来ます。

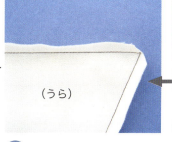

⑧ 折った縫い代を一度開き、重なってかさばる部分をカットする

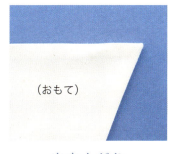

出来上がり

⑩ 目打ちを使って少しずつ角を引き出して整える

⑨ 中に指を入れて、角の縫い代を人差し指と親指ではさみ押さえ、表に返す

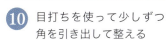

※この時目打ちで力まかせに引き出すと、織り糸を引っぱってしまうので、やさしく少しずつ角を出していくようにしましょう。

角の縫い合わせ方（凹の場合）

切り替え線などに出てくる「へこんだ角」の縫い方です。洋裁をしているとよく出てくる縫い方ですが、コツを覚えてキレイに仕立てましょう。

おもて

縫い合わせる前に

縫い合せる前に切り込みを入れる角の裏面に力布や接着テープをはると、生地を補強することが出来ます。
生地と用途に合った方法で角を補強してから縫いましょう。

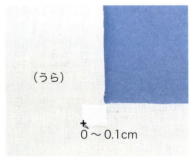 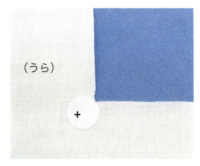 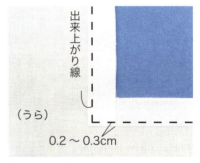

薄地や、生地が透けて見える場合は、出来上がりの位置からほんの少しはみ出るくらいの位置にはる

角の部分のみ力布（接着芯）をはる

出来上がり線から 0.2～0.3cm かぶる位置で接着テープをはる

 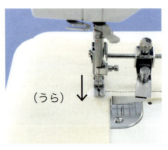 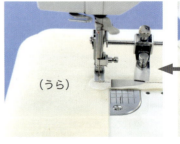 

4 縫い目を落ち着かせるため、縫い目にアイロンをかける

3 押さえ金を下ろし、そのまま縫い進める

2 針を落としたまま押さえ金を上げ、布を回して方向を変える

1 角まで縫い、針を落とした状態で止める

縫い合わせの基本 — 角の縫い合わせ方（凹の場合）

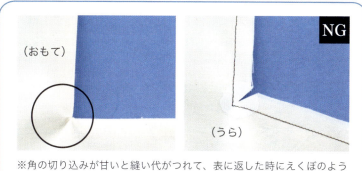

※角の切り込みが甘いと縫い代がつれて、表に返した時にえくぼのようなしわが出てしまうので注意！！

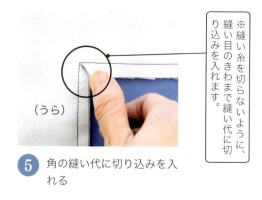

⑤ 角の縫い代に切り込みを入れる

※縫い糸を切らないように、縫い目のきわまで縫い代に切り込みを入れます。

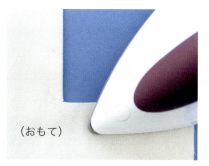

⑦ 表に返してアイロンで整える。（表側からアイロンをかける場合は当て布をします）

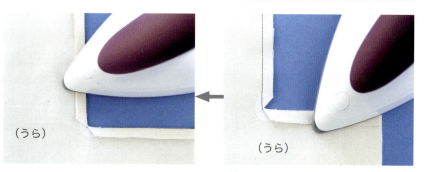

⑥ 縫い目の位置で、縫い代を2枚一緒に折る

出来上がり

縫い方ワンポイントアドバイス

ステッチ幅に合わせてサンドペーパーを挟んで縫うと、ステッチ定規の替わりにもなり、まっすぐにステッチをかけることが出来ます。

サンドペーパーは適度な大きさ（2cm幅くらい）にカットして使用します。ミシンの針で縫い込まない位置（ミシン針のきわ）に置き、押さえ金を下ろして縫い進めます。

サンドペーパー（紙ヤスリ）は表面（ザラザラした面）を生地に合わせるようにして、押さえ金と生地の間に挟んで使用します。

生地の縫い合わせや端にステッチをかける場合、サンドペーパー（紙ヤスリ）を使うことで、縫いずれや生地のよじれを防止することが出来ます。伸びやすい生地にも効果があります。

※目が粗いものは使用する素材によっては生地を傷める場合があるので、目が細かいものを選ぶと良いでしょう。

角のある切り替え線の縫い合わせ方

曲線の切り替え線と違って初心者の方がつまづきやすい所だと思いますが、印をしっかりと合わせて縫う事でキレイな切り替え線を出す事が出来ます。今まで上手に縫う事ができなかった人もぜひ挑戦してみてください。

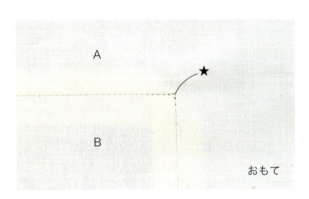

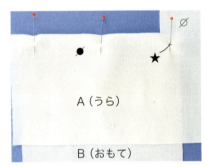

② A布を上にして中表にし、★印同士を合わせてまち針でとめる

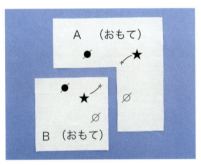

① 角の部分に合印をつける

縫い代を割る場合

縫い代を割る一般的な方法です。片返しにした場合より、切り替え線がスッキリ見えるのが特徴。

⑤ A布のみ★印の位置のきわまで切り込みを入れる

④ 針を落としたまま押さえ金を上げ、布の向きを変える

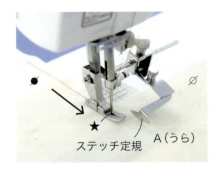

③ ★印まで縫い進める

縫い合わせの基本｜角のある切り替え線の縫い合わせ方

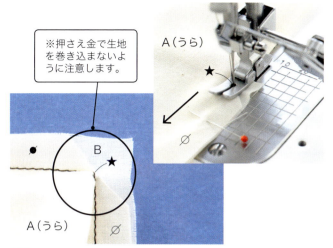

※押さえ金で生地を巻き込まないように注意します。

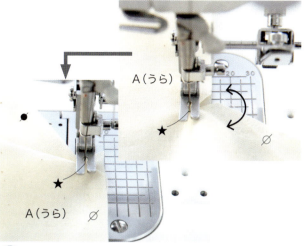

7 ずれないようにまち針でとめてから、押さえ金を下ろして縫い進める

6 針を刺したまま切り込みを開いて、●部分を後ろに回し、B布の∅とA布とB布の∅を合わせて生地を整える

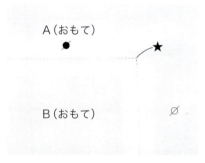

出来上がり

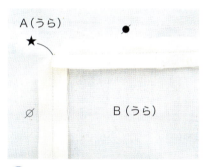

9 縫い目をアイロンで割る

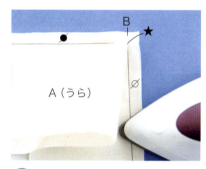

8 縫い目を落ち着かせるため、縫い目にアイロンをかける

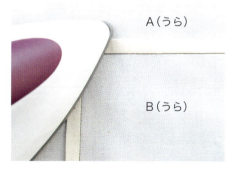

〈B布側へ倒す〉　　〈A布側へ倒す〉

縫い代を片返しする場合

縫い代を片返しにすると、倒した側の切り替え線の見え方が変わるので、切り替え線を強調したい時に使ってみましょう。

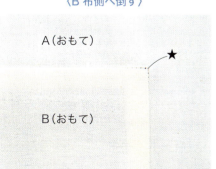

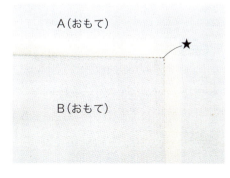

※ほつれやすい生地の場合は、切り込みを入れる前に力布（接着芯）をはるとよいでしょう。

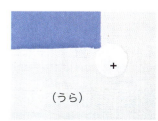

角と直線の縫い合わせ方

小物などに出てくる事が多い、角と直線の縫い合わせですが、ここでは頂点がキレイに見える縫い方のポイントをご紹介します。

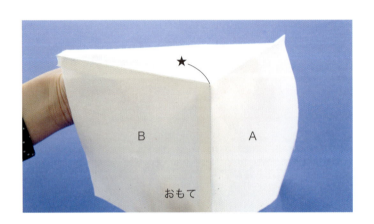

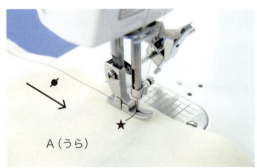

② A布を上にしてA布とB布を中表にし、●印同士を合わせて★印まで縫い進める

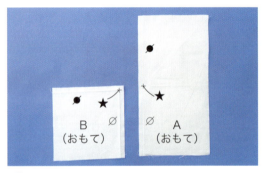

① 角の部分に合印をつける

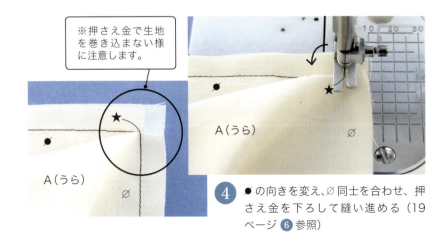

※押さえ金で生地を巻き込まない様に注意します。

④ ●の向きを変え、∅同士を合わせ、押さえ金を下ろして縫い進める（19ページ⑥参照）

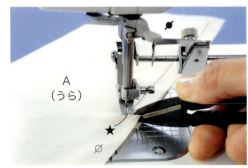

③ 針を落としたまま押さえ金を上げ、A布のみ★印の位置のきわまで切り込みを入れる

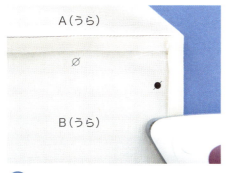
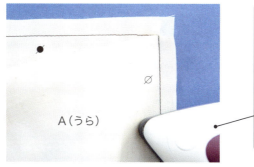

※ミシン目を落ち着かせるために、縫い合わせたミシン目の上にアイロンをかけます。
たったこれだけのひと手間を惜しまないだけで、仕上がりにグッと差が出ます。「縫ったら、アイロン」キレイに仕上がるちょっとしたコツです。

6 B布側に●と⌀の縫い代をそれぞれ倒す

5 縫い代を落ち着かせるため、縫い目にアイロンをかける

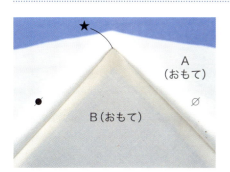
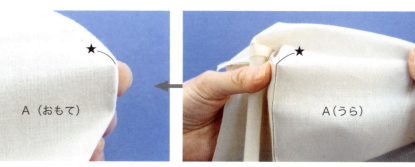

表に返したところ

7 角の縫い代を人差し指と親指でしっかりと指で押さえながら、表に返す

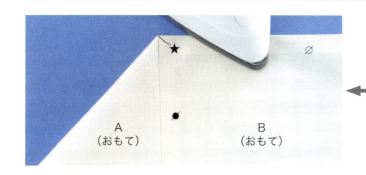

8 A布とB布を縫い合わせた位置で、毛抜き合わせにしてアイロンをかける

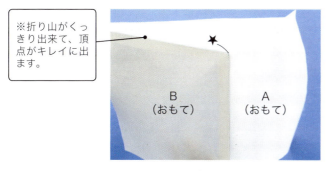
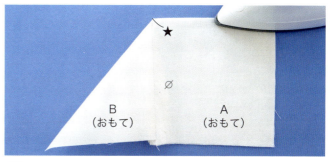

※折り山がくっきり出来て、頂点がキレイに出ます。

出来上がり

9 ●と⌀の縫い目を合わせて、A布に折り目をつけるアイロンをかける

曲線の縫い合わせ方（凸の場合）

裏つきのパッチポケットや衿先などに使われる曲線の縫い方です。丸みのきれいな出し方をご紹介します。

曲線がきつい場合 / おもて

おもて / 曲線がゆるやかな場合

曲線がゆるやかな場合

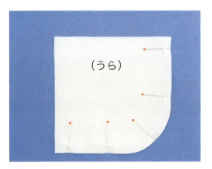
① 2枚の生地を中表に合わせてまち針でとめる

② 直線部分を縫い進める

③ 曲線は針を落としたまま押さえ金を上げ、曲線に合わせて布の方向を変える。押さえ金を下ろして縫い進める（24ページ❸〜❹参照）

※画像2番目: ステッチ定規

④ 直線部分を縫い進める

⑤ 縫い目をアイロンで落ち着かせる

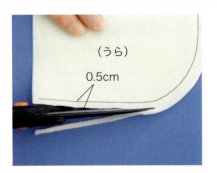
⑥ 縫い代を0.5cmにカットする

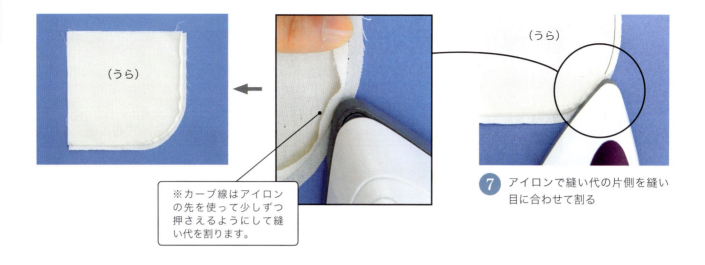

※カーブ線はアイロンの先を使って少しずつ押さえるようにして縫い代を割ります。

7 アイロンで縫い代の片側を縫い目に合わせて割る

9 表に返して曲線の縫い代が片寄らない様に指で整える

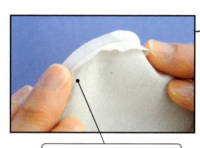

※アイロンで割った縫い目をしっかり押さえるとキレイに返せます。

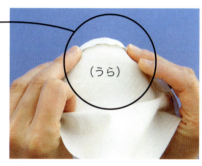

8 曲線の内側に親指を入れて、中指と親指で縫い代を押さえ、表に返す

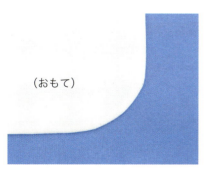

出来上がり

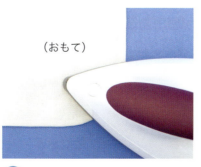

11 アイロンをかける。（表側からアイロンをかける場合は当て布をします）

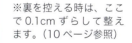

※裏を控える時は、ここで0.1cmずらして整えます。（10ページ参照）

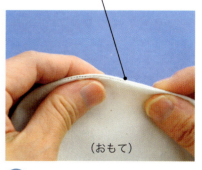

10 表から指で毛抜き合わせになるように整える

曲線がきつい場合

縫い合わせの基本 / 曲線の縫い合わせ方（凸の場合）

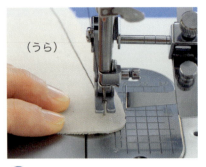
③ 曲線は針を落としたまま押さえ金を上げ、曲線に合わせて布の方向を変える

② 直線部分を縫い進める

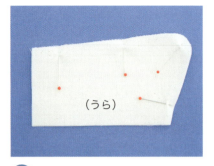
① 2枚の生地を中表に合わせてまち針でとめる

⑥ アイロンで縫い目を落ち着かせる

⑤ 直線を縫い進める

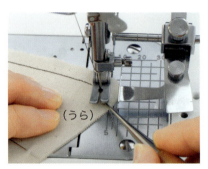
④ 押さえ金を下ろし、曲線に合わせて縫う。曲線がきついところは、1針ずつ布の方向を変えながら縫い進める

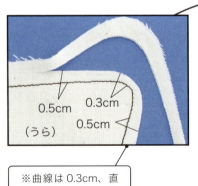
※曲線は0.3cm、直線部分は0.5cmにカットします。

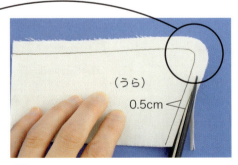
⑦ 縫い代をカットする

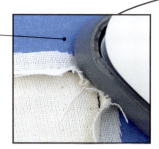
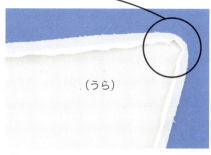

※曲線部分はアイロンの先を使って少しずつ押さえるようにして縫い代を割ります。

(うら)

⑧ 縫い代の片側を、アイロンで縫い目に合わせて割る

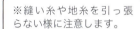
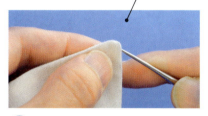

※縫い糸や地糸を引っ張らない様に注意します。

⑪ 目打ちを使って丸みを整える

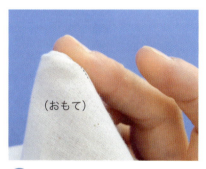

(おもて)

⑩ 表に返して縫い代が片寄らない様に整える

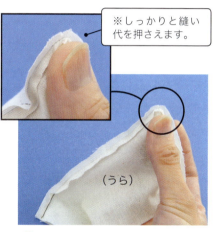

※しっかりと縫い代を押さえます。

(うら)

⑨ 曲線の内側に中指を入れて、中指と親指で縫い代を押さえ、表に返す

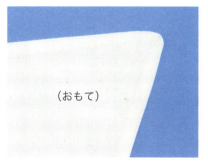

(おもて)

出来上がり

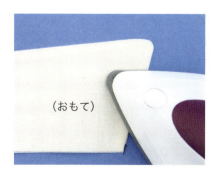

(おもて)

⑬ アイロンをかける。(表側からアイロンをかける場合は当て布をします)

(おもて)

⑫ 表から指で毛抜き合わせになるように整える

曲線の縫い合わせ方（凹の場合）

ポケット口など、縫い合わせた時に縫い代がつれやすい曲線の縫い方をご紹介します。縫い代の処理の仕方がポイントになります。

曲線がきつい場合
（おもて）

曲線がゆるやかな場合
（おもて）

曲線がゆるやかな場合

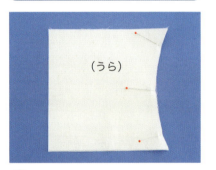
① 2枚の生地を中表に合わせてまち針でとめる

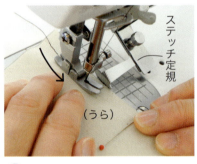
② 縫い始めの曲線がゆるやかな部分を縫い進める

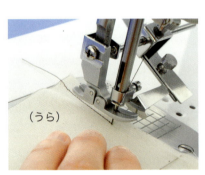
③ 押さえ金により布がよじれそうな時は、針を落としたまま押さえ金を上げ、布を整える

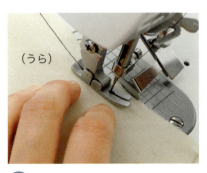
④ 押さえ金を下ろして縫い進める

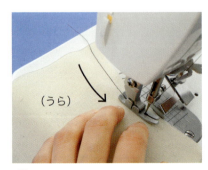
⑤ 布を曲線に添わせて整えながら、最後まで縫う

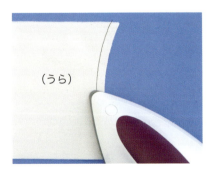
⑥ 縫い目をアイロンで落ち着かせる

縫い合わせの基本 — 曲線の縫い合わせ方（凹の場合）

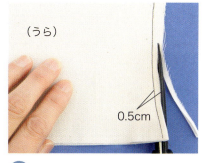

⑦ 縫い代を0.5cmにカットする

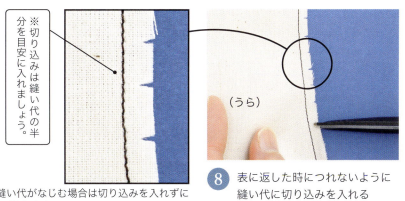

※切り込みは縫い代の半分を目安に入れましょう。

⑧ 表に返した時につれないように縫い代に切り込みを入れる

※縫い代がなじむ場合は切り込みを入れずに⑨へ進みます

※アイロンの先を使って少しずつ押さえるようにして縫い代を割ります。

⑨ 縫い代の片側を縫い目に合わせてアイロンで割る

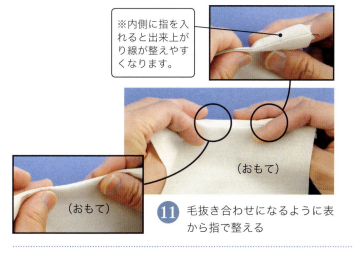

※内側に指を入れると出来上がり線が整えやすくなります。

⑪ 毛抜き合わせになるように表から指で整える

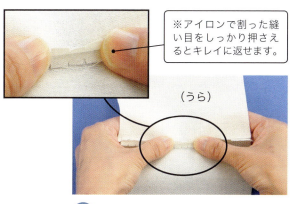

※アイロンで割った縫い目をしっかり押さえるとキレイに返せます。

⑩ 曲線の内側に親指を入れて、中指と親指で縫い代を押さえ、表に返す

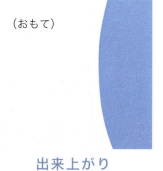

出来上がり

⑫ アイロンをかける。（表側からアイロンをかける場合は当て布をします）

曲線がきつい場合

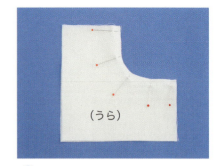

① 2枚の生地を中表に合わせてまち針でとめる

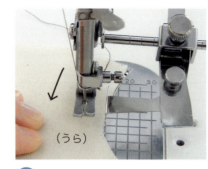

② 直線部分を縫い進める

③ 曲線は、針を落としたまま押さえ金を上げ、曲線に合わせて布の方向を変える

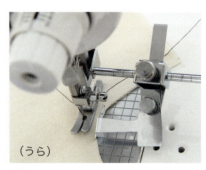

④ 押さえ金を下ろし、曲線に合わせて縫う。曲線がきついところは1針ずつ布の方向を変えながら縫い進める

⑤ 直線部分を縫い進める

⑥ アイロンで縫い目を落ち着かせる

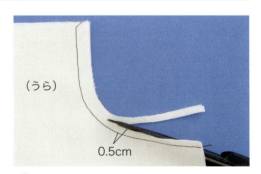

⑦ 縫い代を0.5cmにカットする

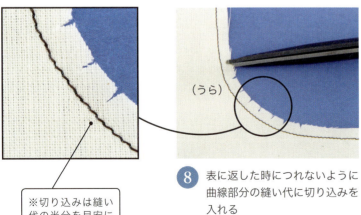

⑧ 表に返した時につれないように曲線部分の縫い代に切り込みを入れる

※切り込みは縫い代の半分を目安に入れましょう。

縫い合わせの基本　曲線の縫い合わせ方（凹の場合）

縫い合わせの基本 | 曲線の縫い合わせ方（凹の場合）

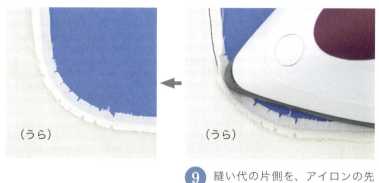

⑨ 縫い代の片側を、アイロンの先で縫い目に合わせて割る

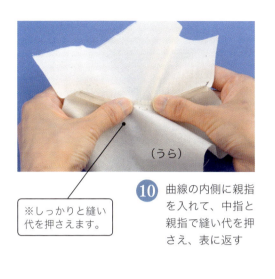

※しっかりと縫い代を押さえます。

⑩ 曲線の内側に親指を入れて、中指と親指で縫い代を押さえ、表に返す

※内側に指を入れると出来上がり線が整えやすくなります。

⑪ 毛抜き合わせになるように表から指で整える

出来上がり

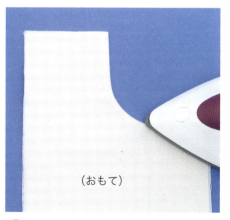

⑫ アイロンをかける。（表側からアイロンをかける場合は当て布をします）

曲線の切り替え線の縫い合わせ方

カーブ線が違う曲線の縫い合わせ方をご紹介します。カーブ線が違うので、合印を合わせ縫い代に切り込みを入れて縫い合わせてゆきます。

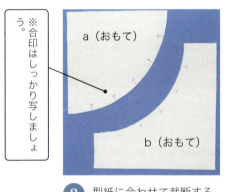

③ 型紙に合わせて裁断する

※合印はしっかり写しましょう。

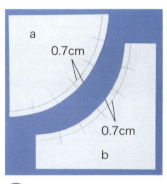

② 縫い代をつけた型紙を作る

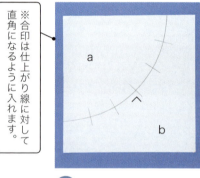

① 製図に合印を入れる

※合印は仕上がり線に対して直角になるように入れます。

縫い代がつくことにより b 布の寸法が足りない状態

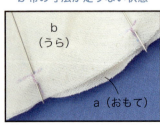

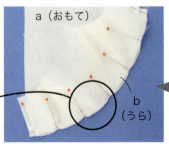

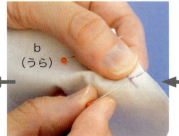

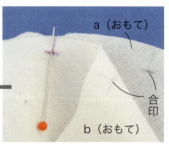

④ 合印を合わせてまち針でとめる

縫い合わせの基本 曲線の切り替え線の縫い合わせ方

切り込みを入れた事により、寸法が合っている状態

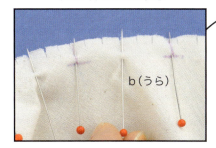

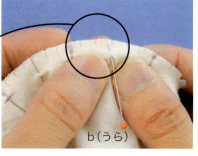

⑥ a布とb布の仕上がり線が合うように、切り込みを広げるようにして裁ち端を合わせ、合印の間をまち針でとめる

※切り込みは縫い代の半分くらいまで入れます。

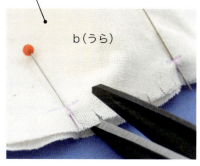

⑤ b布の縫い代に細かく切り込みを入れる

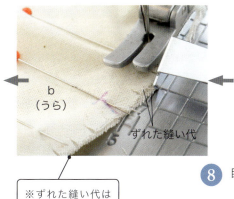

※ずれた縫い代はそのまま縫い進めてはいけません。

⑧ 目打ちで裁ち端を整えながら縫い進める

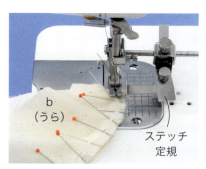

⑦ b布側を上にして縫い始める

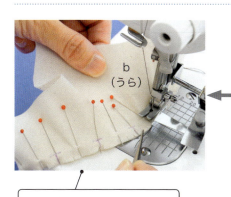

※b布を縫い込まないように、細かく角度を変え、裁ち端を合わせながら最後まで丁寧に縫いましょう。

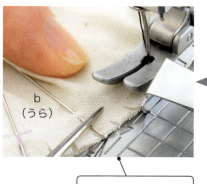

※目打ちを使うと縫い代の端が揃い、縫いずれやタックが寄るのを防げます。

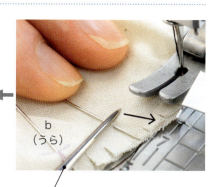

※ずれている縫い代に向かって、目打ちでb布をなぞる様に動かします。

縫い代を割る場合

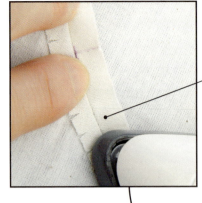

※きせがかからないように指で縫い代をしっかり割り、アイロンの先を使って押さえるようにアイロンをかけます。

※b布にしわが寄らないように、ミシン目と縫い代のみにアイロンをかけます。

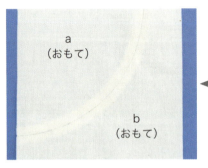

出来上がり

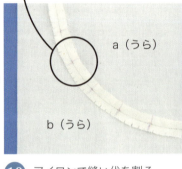

⑩ アイロンで縫い代を割る

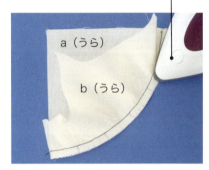

⑨ アイロンで縫い目を落ち着かせる

縫い代を上側へ倒す場合

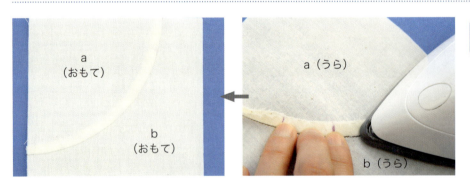

⑨のアイロンで縫い目を落ち着かせた後、a布側にきせがかからないように、指で縫い代を押さえ、縫い代をa布側に片倒しにします。

縫い代を下側へ倒す場合

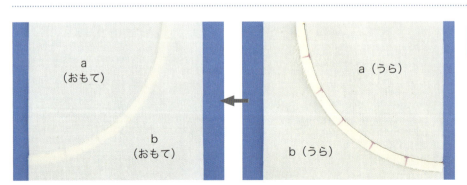

⑨のアイロンで縫い目を落ち着かせた後、b布側にきせがかからないように、指で縫い代を押さえ、縫い代をb布側に片倒しにします。

円と直線の縫い合わせ方

円と直線を縫い合せて丸底にする縫い方をご紹介します。ポーチや帽子など小物を作る時に良く出てくる縫い方ですが、合印をしっかりつけて、縫い端を揃えるとキレイに縫う事が出来ます。

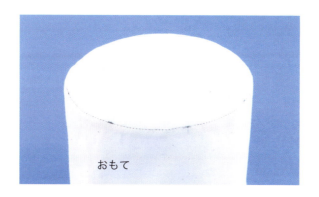

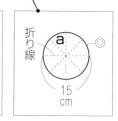

1 a（円）の製図をして、紙を折って合印をつける

※合印は仕上がり線に対して直角になるように入れます。

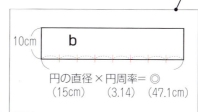

2 b（長方形）の製図をして合印をつける

円の直径 × 円周率 = ◎
（15cm）　（3.14）　（47.1cm）

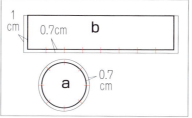

3 縫い代をつけた型紙を作る

※合印はしっかり写しましょう。

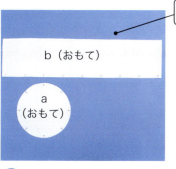

4 型紙に合わせて裁断する

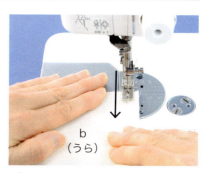

5 b布の直線部分を縫う

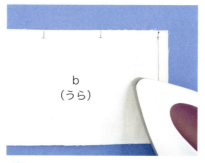

6 縫い目をアイロンで落ち着かせる

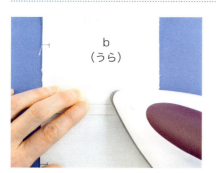

7 アイロンで縫い代を割る

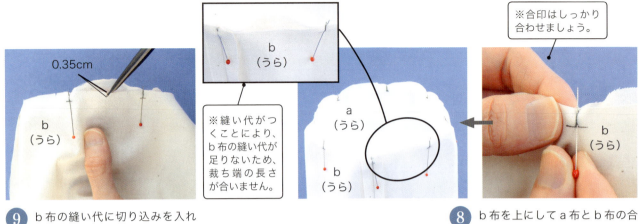

9 b布の縫い代に切り込みを入れる

※縫い代がつくことにより、b布の縫い代が足りないため、裁ち端の長さが合いません。

8 b布を上にしてa布とb布の合印を合わせてまち針でとめる

※合印はしっかり合わせましょう。

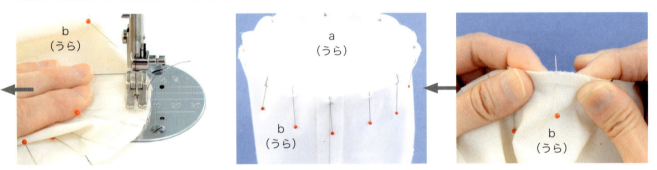

11 b布側を上にして縫い始める

10 a布とb布の仕上がり線が合うように、切り込みを広げながら裁ち端を合わせ、合印の間をまち針でとめる

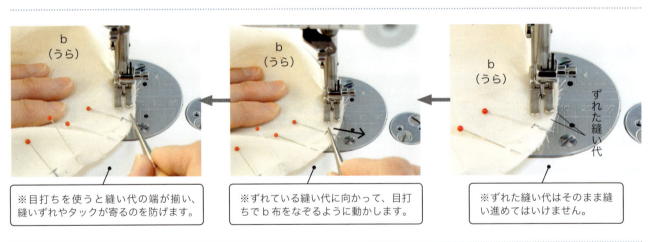

※目打ちを使うと縫い代の端が揃い、縫いずれやタックが寄るのを防げます。

※ずれている縫い代に向かって、目打ちでb布をなぞるように動かします。

※ずれた縫い代はそのまま縫い進めてはいけません。

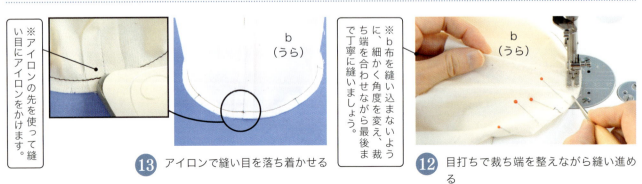

※アイロンの先を使って縫い目にアイロンをかけます。

13 アイロンで縫い目を落ち着かせる

※b布を縫い込まないように、細かく角度を変え、裁ち端を合わせながら最後まで丁寧に縫いましょう。

12 目打ちで裁ち端を整えながら縫い進める

袖まんじゅうを使わずに縫い代を割る場合

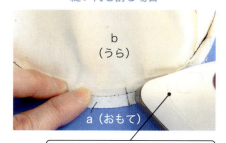

※a布を下にしてアイロンの先を使って縫い代を割ります。

14 袖まんじゅうなどを使って縫い代をアイロンで割る

出来上がり

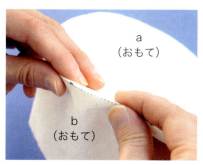

16 縫い線を指で少しつぶすようにして整える

15 表に返す

きれいに縫えなかった人はここをチェックしてみよう！

縫い代が均一についていない

裁ち端を合わせて縫い進めていくので、縫い代が均一についていないと、縫い線がガタガタになって、きれいな円にはなりません。4で裁断する時に縫い代が仕上がり線から同じ幅でついているか確認し、余分についてしまった縫い代はきれいに裁ち揃えましょう。

裁ち端がずれたまま縫い進めてしまった

11で縫い進めるときに、a布とb布の裁ち端がずれていると、底がきれいな円になりません。目打ちでしっかり縫い端を合わせてゆっくり縫い進めましょう。

合印がずれている

合印がずれていると布がつっぱったり余ったりして、いびつな円になってしまいます。1の型紙を作る時に、縫い合わせる線の長さが合っていることを確認して、正確に合印を付け、布にしっかり写しましょう。

a布を上にして縫ってしまった

a布を上にして縫うとb布が余ってしまい、知らないうちに縫い込んでしまったり、縫いずれたりしてしまいます。まち針をとめる時にb布側からとめるとまちがえずにきれいに縫えます。

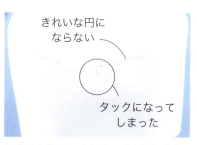

きれいな円にならない
タックになってしまった

写真のようにb布にタックが寄ったり、円がいびつな形になってしまった人はここをチェックしてみてください。原因と対策をいくつかご紹介します。

縫い代の始末の仕方

 三つ折り縫い

裾線の始末や、袖口線の始末などによく使われる縫い代の始末の仕方です。透ける生地や、出来上がり幅を細めに仕上げたい時に使われる完全三つ折りと、厚い生地や出来上がり幅が広い時によく使われる広幅の三つ折り縫いの2通りの縫い方をご紹介します。

広幅の三つ折り

完全三つ折り

※❷で折った出来上がり線をつぶさないように均一な幅でまっすぐ折りましょう。

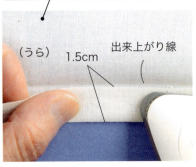

❸ いったん縫い代を開いて、縫い代の半分（1.5cm）を折る

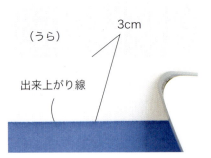

❷ 出来上がり線で折る

完全三つ折り

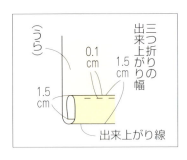

❶ 縫い代を出来上がり幅の2倍（3cm）つけて布を裁断する

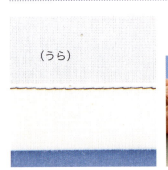

出来上がり

※目打ちで布を押さえる事で、ずれにくく縫えます。

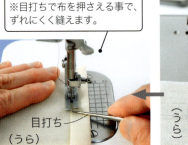

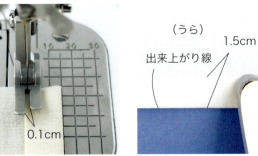

❺ 折り端から0.1cmのところにミシンをかける

❹ 折り目を戻して、アイロンでしっかり折る

広幅の三つ折り

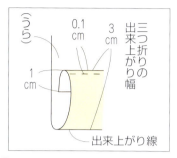

① 縫い代を出来上がり幅＋1cm（4cm）つけて布を裁断する

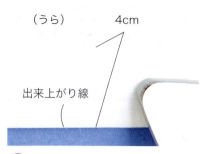

② 出来上がり線で折る

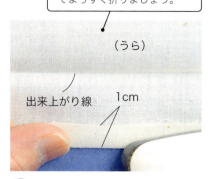

※②で折った出来上がり線をつぶさないように均一な幅でまっすぐに折りましょう。

③ いったん縫い代を開いて、縫い代を1cm折る

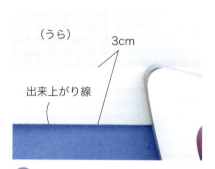

④ 折り目を戻して、アイロンでしっかり折る

⑤ 折り端から0.1cmのところにミシンをかける

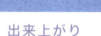

出来上がり

きれいに縫えなかった人はここをチェックしてみよう！

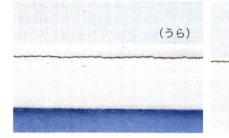

縫い代の端がピラピラする

⑤のミシンをかける時に、端から離れたところにミシンをかけると、ステッチ幅が広すぎるため、縫い代の端がピラピラしてキレイに出来上がりません。端から0.1cm〜0.2cmを目安に、ミシンをかけるようにしましょう。

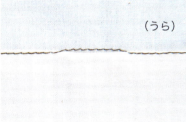
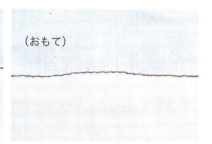

**ミシン目が縫い落ちてしまう
縫い目が曲がってしまう**

③で縫い代を折る時にまっすぐに折られていないと、縫い代の端がガタガタになります。そのまま端に合わせてミシンをかけると、布が安定しないためまっすぐ縫えず、縫い落ちてしまったり、表から見ると縫い目が曲がったりします。縫い代はまっすぐ折るようにしましょう。

三つ折り端ミシン

三つ折り縫いを細く仕上げる縫い方で、裾や、フリルの端の始末などに使われます。ミシンに付属の三巻押さえの押さえ金を使用して縫う三つ折り縫いでも、三つ折り端ミシン同様の仕上がりになりますので、合わせてご紹介します。

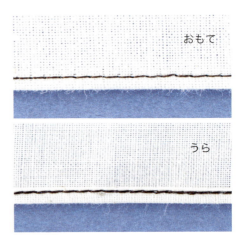

直線の場合

縫い代は1.3cmつけます

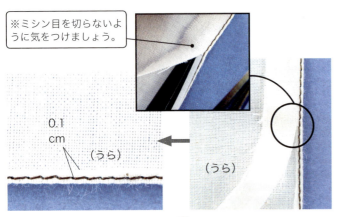

※ミシン目を切らないように気をつけましょう。

※縫い落ちないように注意し、まっすぐ縫います。

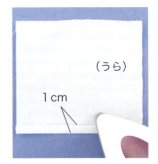

③ 縫い代のみ細くカットする

② 端から0.1cmを縫う（第1ミシン）

① 縫い代を1cm折る

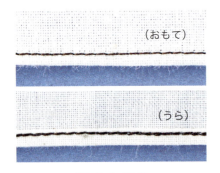

出来上がり

⑤ 第1ミシンと重なるように縫う（第2ミシン）

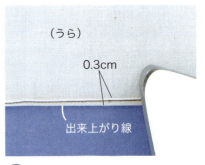

④ 出来上がり線で折る

縫い代の始末の仕方

三つ折り端ミシン

曲線の場合

縫い代は1.3cmつけます

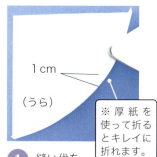

1 縫い代を1cm折る

※厚紙を使って折るとキレイに折れます。

2 端から0.1cmを縫う（第1ミシン）

※縫い落ちないように注意し、曲線に平行にかけます。

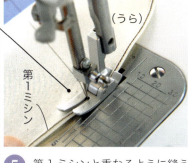

3 縫い代のみ細くカットする

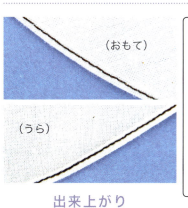

4 出来上がり線で折る

※アイロンで布端を伸ばさないように注意して折りましょう。

5 第1ミシンと重なるように縫う（第2ミシン）

地の目がバイアスになる部分は伸ばさないように気をつけましょう。

出来上がり

三巻押さえを使う場合

縫い代は0.5cm～0.6cmつけます

ミシンに付属している三つ巻き用の押さえ金。布が厚いと巻き込めないので注意が必要。

1 縫い代部分の先をカットし、少し折り目をつけ、押さえ金に差し込みやすくする

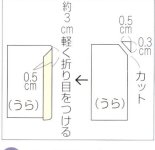

2 縫い代を押さえ金の巻き込み口に差し込む

3 布が巻かれていくように手を添えて縫い進める

※巻き込む分量が多すぎると、縫い代がはみ出るので注意しましょう。

出来上がり

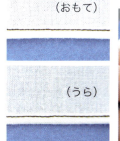

きれいに縫えなかった人はここをチェックしてみよう！

出来上がり線が曲がってキレイに出来上がらない

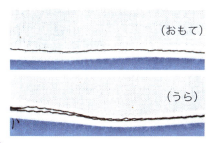

❶で縫い代を折る際に端が曲がってしまうと、第1ミシンがまっすぐかけられません。第1ミシンが曲がっていたり、❸で縫い代をカットする際に均等な幅でカットできていないと、折り幅が均一に折れなくなり、出来上がり線がゆがんでしまいます。ですので、❶❹で縫い代は均一な幅で折り、ミシンは布端に合わせてまっすぐ縫うように注意しましょう。

第一ミシンが曲がっている

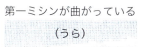

縫い代が均一にカットされていない

折り伏せ縫い

縫い代を内側に折ってミシンで押さえるため、丈夫で、裏側から見てもキレイに仕上がる縫い代の始末の方法です。洋服ではカジュアルなデザインの服やメンズのシャツに多く使われます。

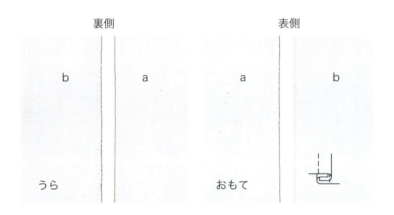

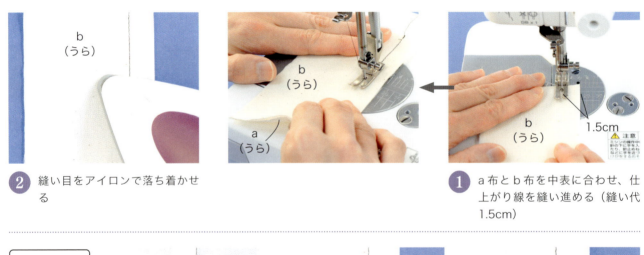

② 縫い目をアイロンで落ち着かせる

① a布とb布を中表に合わせ、仕上がり線を縫い進める（縫い代1.5cm）

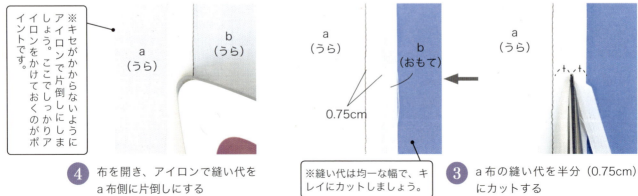

※キセがかからないようにアイロンで片倒しにしましょう。ここでしっかりアイロンをかけておくのがポイントです。

④ 布を開き、アイロンで縫い代をa布側に片倒しにする

※縫い代は均一な幅で、キレイにカットしましょう。

③ a布の縫い代を半分（0.75cm）にカットする

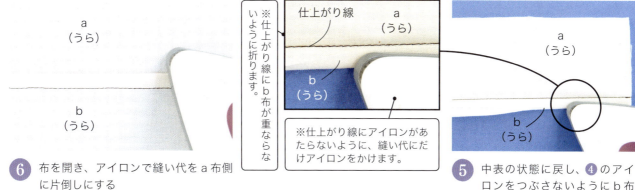

6 布を開き、アイロンで縫い代をa布側に片倒しにする

※仕上がり線にb布が重ならないように折ります。

※仕上がり線にアイロンがあたらないように、縫い代にだけアイロンをかけます。

5 中表の状態に戻し、4のアイロンをつぶさないようにb布の縫い代の半分を折る

出来上がり

※縫い落ちないように気をつけて縫いましょう。

7 裏から縫い代の端に押さえミシンをかける

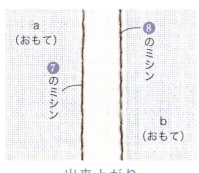

出来上がり

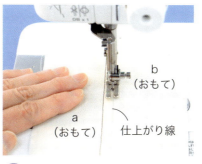

8 表から仕上がり線の端に押さえミシンをかける

仕上がりのステッチが2本の場合（ダブルステッチ）

仕上がり線の端に押さえミシンをかけると、より丈夫な仕立て方になります。デニム素材や厚手の生地を使用している場合、縫い代が押さえられて、縫い代の厚みを抑えることもできます。

きれいに縫えなかった人はここをチェックしてみよう！

ステッチがキレイにかけられない

3で縫い代がキレイにカットできていなかったり、5で縫い代を折る時に端がキレイに折れていないと縫い代を折った端がガタガタになってしまいます。そのまま端に合わせてミシンをかけると、縫い目が曲がったり、まっすぐにミシンをかけようとして縫い落ちてしまう原因になります。縫い代を均等な幅でまっすぐカットし、アイロンでキレイに折りましょう。

ダブルステッチをかけると布がよれてしまう

7の押さえミシンと逆方向から8の押さえミシンをかけると布がよれやすくなります。縫い進む方向に無理が無いようなら同じ方向からステッチをかけると、布がよれてしまうのを軽減することが出来ます。

額縁仕立て

裾のスリットあきの角の始末などに使われる、角がきれいに仕上がる仕立て方です。縫い代を出来上がりに折ってから縫う位置を決めるので、合印が重要になります。縫い代をロックミシンで始末してから二つ折りで仕立てる方法と、縫い代を折って三つ折りで仕立てる方法をそれぞれご紹介します。

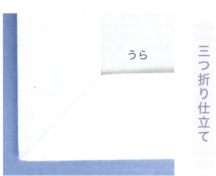
三つ折り仕立て

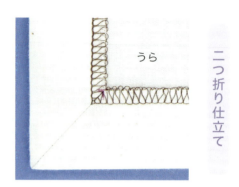
二つ折り仕立て

二つ折り仕立て

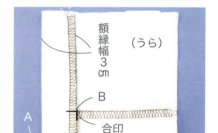
1 出来上がり線で折り、AとBの位置に印をつける（額縁幅3cm、合印）

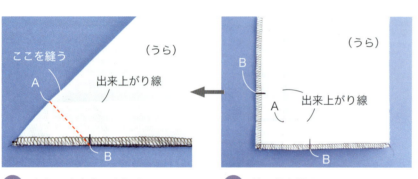
2 縫い代を開く
3 合印Bを中表に合わせる（ここを縫う／出来上がり線）

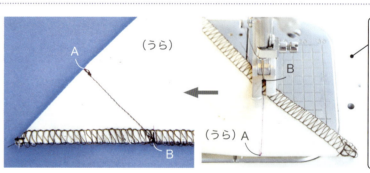
4 BからAの間をミシンで縫う
※縫い線が曲がらないようにチャコペンで線を引いて、B側からまっすぐ縫います。

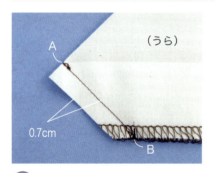
5 縫い代を0.7cmにカットする

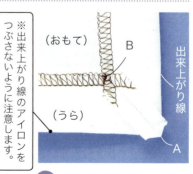
6 縫い代をアイロンの先で割る
※出来上がり線のアイロンをつぶさないように注意します。

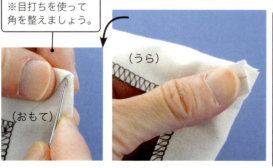
7 表に返して整える
※目打ちを使って角を整えましょう。

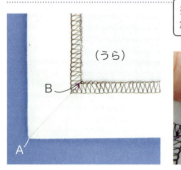
出来上がり

縫い代の始末の仕方 額縁仕立て

三つ折り仕立て

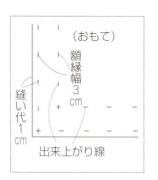

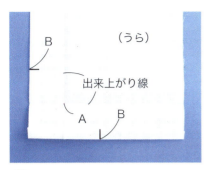
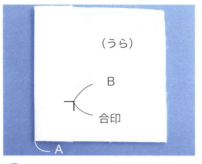

② 縫い代を開く（1cm折った縫い代は開かない）

① 縫い代を1cm折り、さらに出来上がり線で折り、AとBの位置に印をつける

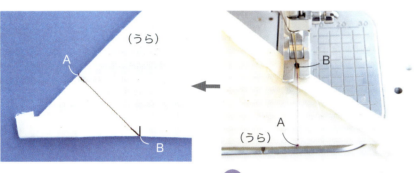
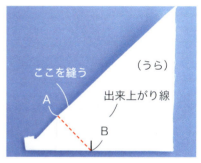

④ BからAの間をミシンで縫う

③ 合印Bを中表に合わせる

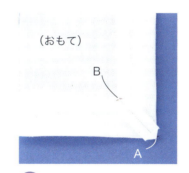
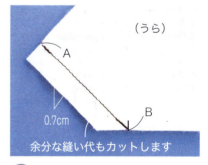

⑦ 表に返して整える

⑥ 縫い代をアイロンの先で割る

⑤ 縫い代を0.7cmにカットする

きれいに縫えなかった人はここをチェックしてみよう！

合印A、Bをしっかり記す

合印をずらして記すと、合印A〜Bの縫う角度が変わり、縫い代側の出来上がり線が余ったり、足りなくなったりします。

合印A〜Bをずらさずまっすぐ縫う

縫い合せる際に合印がずれてしまうと、出来上がりの合印Bの角が段違いになり、キレイな角の額縁になりません。さらに、縫い線が曲がると合印A〜Bの間が浮いてしまい、収まりが悪くなります。

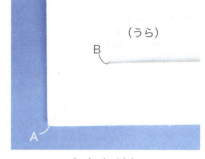

出来上がり

43

袋縫い

ロックミシンを使わずに縫い代を始末することができるため、透ける素材で縫い代が透けて見える場合や、縫い代のクオリティを上げたい時に使われる縫い代の始末の仕方です。袋縫いの仕上がり幅に合わせて縫い代をつけるので、よく確認して縫い代をつけてください。

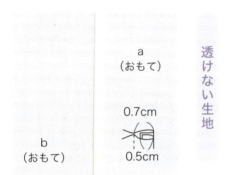

透けない生地

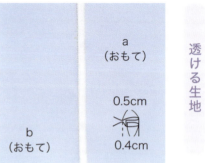

透ける生地

透けない生地の場合

袋縫いの出来上がり幅＝0.7cm

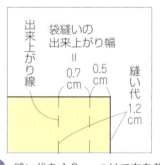

① 縫い代を1.2cmつけて布を裁断する

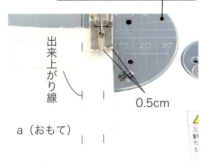

② a布とb布を外表に合わせ、端から0.5cmの位置を縫う
※外表に合わせて縫います。

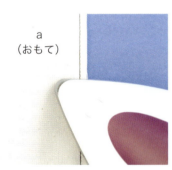

③ 縫い目をアイロンで落ちつかせる

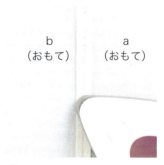

④ アイロンで縫い代を割る

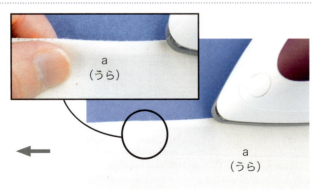

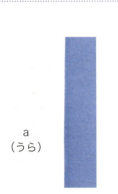

⑤ a布とb布が中表になるように縫い目を折り、毛抜き合わせにしてアイロンをかける

縫い代の始末の仕方

袋縫い

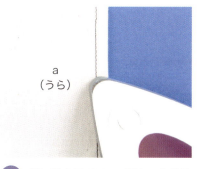
⑧ 縫い目をアイロンで落ちつかせる

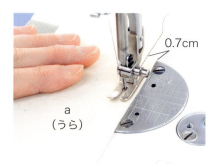
⑦ もう1度中表に合わせ出来上がり線を縫う

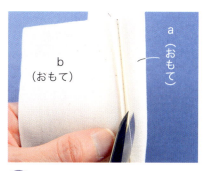
⑥ 布をめくって、縫い代のほつれている糸をキレイにカットする

出来上がり

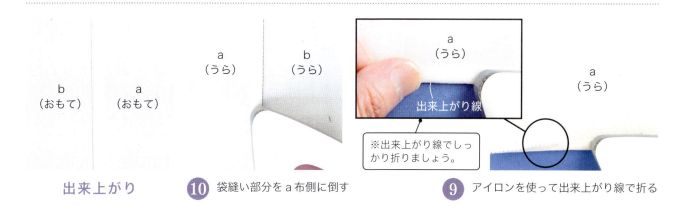
⑩ 袋縫い部分をa布側に倒す

※出来上がり線でしっかり折りましょう。

⑨ アイロンを使って出来上がり線で折る

透ける生地の場合
袋縫いの出来上がり幅＝0.5cm

※途中で縫い代を切り揃えるので、縫い代は袋縫いの出来上がり幅より多くつけて裁ちます。

出来上がり線 ／ 袋縫いの出来上がり幅＝0.5cm ／ 0.7cm ／ 縫い代1.2cm

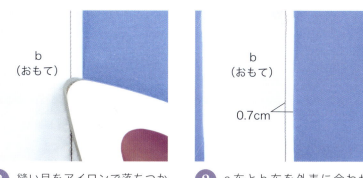
③ 縫い目をアイロンで落ちつかせる

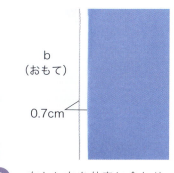
② a布とb布を外表に合わせ、端から0.7cmの位置を縫う

① 縫い代を1.2cmつけて布を裁断する

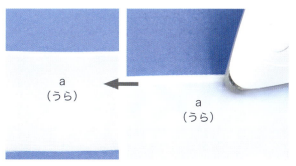
⑥ a布とb布が中表になるように縫い目を折り、毛抜き合わせにしてアイロンをかける

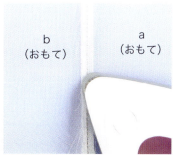
⑤ アイロンで縫い代を割る

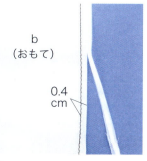
④ 縫い代を0.4cmに裁ちそろえる

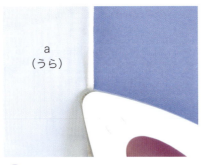
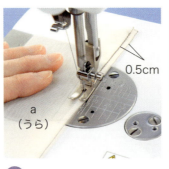
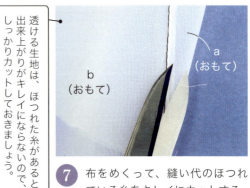

⑨ アイロンを使って出来上がり線で折り、袋縫い部分をa布側に倒す

⑧ もう1度中表に合わせ、出来上がり線を縫う

透ける生地は、ほつれた糸があると出来上がりがキレイにならないので、しっかりカットしておきましょう。

⑦ 布をめくって、縫い代のほつれている糸をキレイにカットする

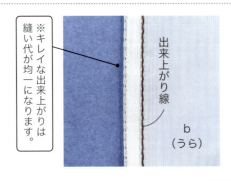

※キレイな出来上がりは縫い代が均一になります。

出来上がり線

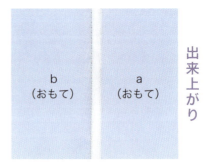

出来上がり

きれいに縫えなかった人はここをチェックしてみよう！

透ける生地の場合、袋縫いが表から透けて気になってしまう

袋縫いの出来上がり幅が広すぎると表から見た時に気になってしまいます。更に、縫い代が少なかったり、カットしすぎたりすると出来上がった時の厚みに差が出て、透け方が均一でなく、キレイに見えません。透ける布地を使う場合、袋縫いの幅は細めで、均一な幅でキレイに仕立てましょう。また、袋縫いの中に隠れる縫い代は透けない生地の場合は袋縫いの出来上がり幅より0.2～0.3cm短く、透ける生地の場合は0.1cm短く裁ち揃えてから出来上がり線を縫うとバランスの良い袋縫いになります。

袋縫いの端がガタガタになる

袋縫いを毛抜き合わせにする際に、キレイに毛抜き合わせになっていないと端がガタガタになります。そのまま出来上がり線を縫うと布がよれてしまい、出来上がり線にシワが寄る原因にもなります。キセがかからないように、縫い代はしっかりアイロンで割り、端を整えましょう。

出来上がり線から糸が出てきた

ほつれやすい布は、縫ったりアイロンをかけたりしていくうちに、端がどんどんほつれてしまいます。縫い代がほつれたまま出来上がり線にミシンをかけるとほつれた糸を縫い込んでしまい、出来上がり線から糸が出てきてしまいます。また、縫い代が袋縫いの出来上がり幅より多いと、縫い代の端を縫い込んで出来上がり線から表に出てきてしまいます。そのため、透ける生地同様に縫い代を多めにつけて、出来上がり線を縫う前に裁ち揃え、糸をキレイにカットしてから出来上がり線を縫いましょう。

袋縫いは、縫い代が多すぎても少なすぎてもキレイに出来上がりません。出来上がり幅に合った縫い代をつけ、余分はキレイにカットしましょう。キレイに仕上がらない人は良くある悩みの原因と対策を紹介しますので、チェックしてみてください。

〈透ける布の場合〉

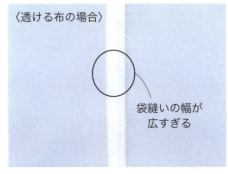

袋縫いの幅が広すぎる

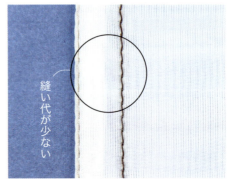

縫い代が少ない

縁どりの仕方

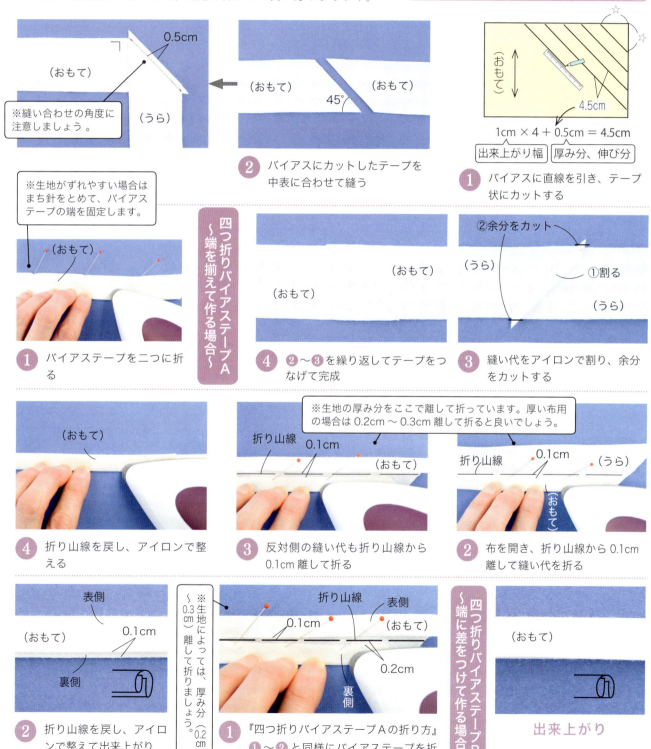

直線の縁どり

共布のバイアステープを使う直線の縁どりの方法です。縁どりの縫い方によって47ページで紹介したバイアステープの折り方2種類を使い分けるのがポイントになります。3種類の縁どりの縫い方を解説しますので、それぞれに合ったバイアステープを用意して縫いましょう。

| 落としミシン | まつり縫い | 押さえミシン |

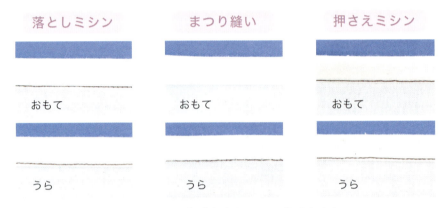

※バイアステープの作り方は47ページにあります

押さえミシンで縫う場合

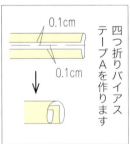

※押さえミシンが縫いにくい場合は、四つ折りバイアステープBを使用してもかまいません。

② 折り山線で返してアイロンで整える

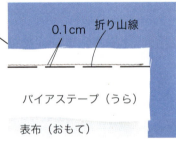

※0.1cm縫い代側を縫う事で、出来上がりのバイアステープの端がキレイに仕上がります。

① バイアステープと表布を中表に合わせて、折り山線から0.1cm縫い代側を縫う

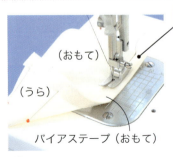

※押さえミシンはバイアステープの端から0.1cmぐらいを縫いましょう。

⑤ 表側から押さえミシンをかける（裏側のまち針を外しながら縫う）

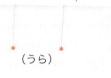

④ 裏側からまち針でとめる

③ 縫い代をバイアステープでくるみ、アイロンで整える

まつり縫いで縫う場合

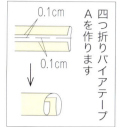

1 中表に合わせて折り山線のきわを縫い、48ページ **2**〜**3** 同様にアイロンで整える

※ミシン目のきわ（縫い代側）をすくいましょう。外側をすくうと表側に糸が出るので注意しましょう。

2 裏側のバイアステープをまつり縫いで表布に縫いとめる

出来上がり

裏側の縫い代をまつり縫いで仕上げるので、必ず端がピッタリ揃った四つ折りバイアステープAを使用します。

落としミシンで縫う場合

1 バイアステープの表側と表布を中表に合わせて、折り山線上を縫う

※バイアステープは折り幅が短い方が表側です。

2 折り山線で返してアイロンで整える

端が揃った四つ折りバイアステープAに落としミシンをかけると、裏側が縫い落ちてしまいます。そのため、必ず四つ折りバイアステープBのように端をずらして折ったものを使用します。

3 縫い代をバイアステープでくるみ、アイロンで整える

4 裏側からまち針でとめる

※縫いづらいときはしつけをかけると、ずれにくくなります。

5 表側からバイアステープと表布の境目に落としミシンをかける（まち針を外しながら縫う）

出来上がり

きれいに縫えなかった人はここをチェックしてみよう！

縁どりの裏側が縫い落ちた

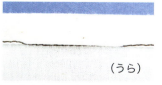

縫い代をくるんでまち針でとめる時にずれたり、厚手の布を縁どりする時に、厚み分を考えずにバイアステープを折ると、表側からはキレイに縫えているのに裏側は縁どりがきちんと押さえられない、という出来上がりになります。縫いずれしやすいときは、しつけをしてからミシンをかけましょう。また、厚手の布を縁どりするときは、バイアステープを作る際に布の厚みに合わせて(0.2cm〜0.3cm)折り山線から離して縫い代を折りましょう。

縁どりの裏側の端がペラペラする

表側から押さえミシンをかける時に縁どりの端から離しすぎたり、裏側を必要以上に長くしたバイアステープを使用すると、縁どりの裏側の端がきちんと押さえられません。仕立て方に合ったバイアステープを作り、押さえミシンは縁どりの端にかけましょう。

曲線の縁どり

市販のバイアステープを使用して曲線を縁どりする縫い方です。バイアステープは使用する曲線に合わせて、アイロンでくせとりをしてから使用します。凸曲線、凹曲線２タイプの曲線についてご紹介します。

凹曲線の縁どり始末　おもて

凸曲線の縁どり始末　おもて

凸曲線の縁どり始末

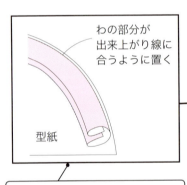

わの部分が出来上がり線に合うように置く

型紙

※起毛素材やサテンなどアイロンで風合いが変わることがあるバイアステープを使用する場合は、裏側からアイロンをかけましょう。

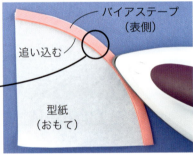

バイアステープ（表側）
追い込む
型紙（おもて）

① バイアステープを型紙の出来上がり線に合わせながら、アイロンで曲線に合わせてくせとりをする

使用するバイアステープ

1.1cm幅四つ折りバイアステープ（縁どりテープ）

※今回は出来上がりの端に0.1cm差がついているものを使用

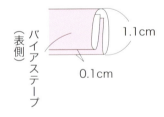
バイアステープ（表側）　1.1cm　0.1cm

市販の四つ折りバイアステープ（縁どりテープ）は出来上がりの端に差がついているものがあります。これは、縁どりする生地の厚み分や、裏側が縫い落ちないようにするための配慮です。上図のように幅の短い方が表側になりますので、表裏を間違えないように使用しましょう。

バイアステープ（表側・うら）
折り山線

③ 出来上がりの折り山線から0.1cm縫い代側を縫う

バイアステープ（表側・うら）
表布（おもて）

② バイアステープを開き、表布とバイアステープを中表に合わせる

縁どりの仕方 | 曲線の縁どり

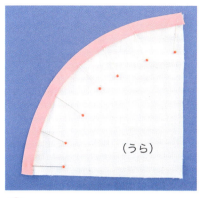

⑥ まち針でバイアステープと表布がずれないように固定する

バイアステープ（裏側・おもて）

⑤ アイロンで整える

④ バイアステープを表に返して縫い代をくるむ

※バイアステープがよじれないように細かく布の方向を変えながら縫い進めましょう。

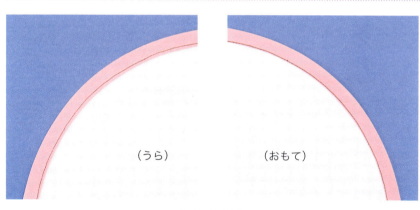

出来上がり

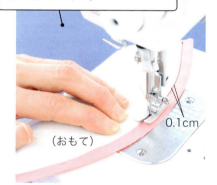

⑦ 表側から押さえミシンをかける（裏側のまち針を外しながら縫う）

凹曲線の縁どり始末

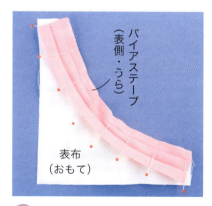

③ 出来上がりの折り山線から0.1cm縫い代側を縫う

② バイアステープを開き、表布とバイアステープを中表に合わせる

① バイアステープを型紙の出来上がり線に合わせながら、アイロンで曲線に合わせてくせとりをする

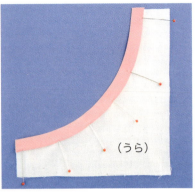
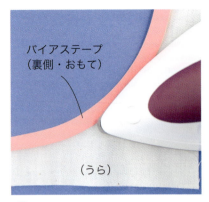
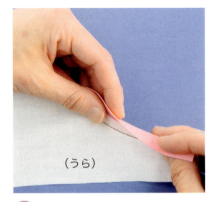

⑥ まち針でバイアステープと表布がずれないように固定する

⑤ アイロンで整える

④ バイアステープを表に返し、縫い代をくるむ

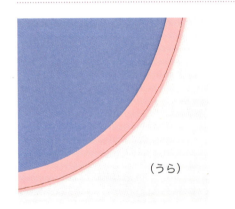
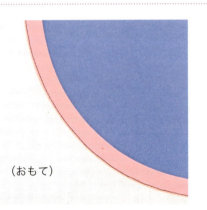

出来上がり

⑦ 表側から押さえミシンをかける（裏側のまち針を外しながら縫う）

きれいに縫えなかった人はここをチェックしてみよう！

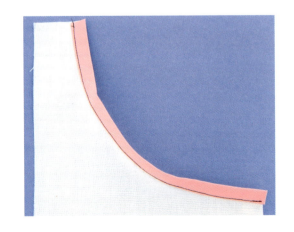

バイアステープが曲線になじまなかった

曲線に合わせて縁どりをするバイアステープのくせとりをしないと、左の写真の様に端が浮いたように出来上がり、曲線になじみません。直線の縁どりと異なり、曲線は縁どりの内側と外側で出来上がりの長さが異なりますので、縫う前にアイロンで出来上がりの曲線に合わせて、しっかりくせとりをしてから縫い始めましょう。

見返し始末の仕方

直線の見返し始末

使用する見返しの端の始末の仕方によって縫い代寸法が変わりますので、裁断する時に注意してください。3パターンの縫い方をそれぞれご紹介します。

 方法3

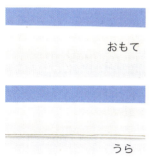

 方法2

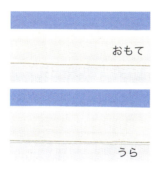

 方法1

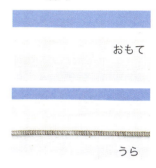

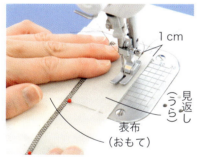

② 表布と見返しを中表に合わせ、出来上がり線を縫う

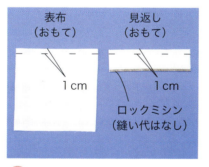

① それぞれ縫い代をつけて裁断する。見返しの裏面に接着芯をはり、ロックミシンをかける

方法1

一般的によく使われる見返し始末の方法です。見返し端はロックミシンで始末します

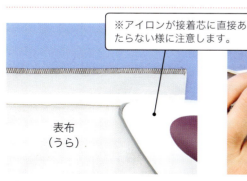

⑤ 縫い代を見返し側に片倒しする

※アイロンが接着芯に直接あたらない様に注意します。

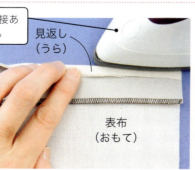

④ 縫い目（出来上がり線）で縫い代を見返し側に折る

③ 接着芯にアイロンが触れないように、表布の裏側から縫い目にアイロンをかける

見返し始末の仕方 — 直線の見返し始末

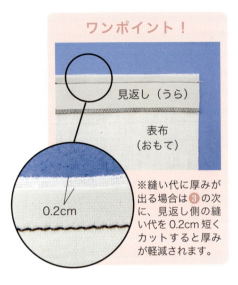

ワンポイント！

0.2cm

※縫い代に厚みが出る場合は ❸ の次に、見返し側の縫い代を0.2cm短くカットすると厚みが軽減されます。

表面　表布（おもて）

裏面　見返し（おもて）

出来上がり

※全体にアイロンをあてると表面にアタリが出るので注意しましょう。

見返し（おもて）

❼ 縫い代部分だけを押さえるようにアイロンをかける

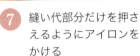

少し控える
見返し（おもて）

❻ 表に返し、見返し側を少し控えるように整える

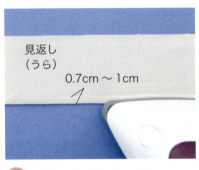

見返し（うら）　0.7cm〜1cm

❷ 見返し端の縫い代を折る

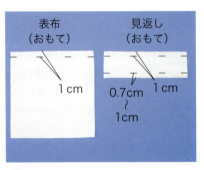

表布（おもて）　1cm
見返し（おもて）　0.7cm〜1cm、1cm

❶ それぞれ縫い代をつけて裁断する。見返しの裏面に接着芯をはる

方法2

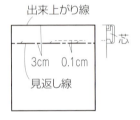

出来上がり線　芯
3cm　0.1cm
見返し線

表面に見返し端を押さえたステッチが出るのでデザインとしても使用できます

2.9cm
表布（おもて）

❺ 表側から見返し端を押さえるようにミシンをかける

少し控える
見返し（おもて）
表布（うら）

❹ 『方法1』の❸〜❼同様にアイロンをかけ表に返し、見返し側を少し控えて整える

1cm
表布（おもて）
見返し（うら）

❸ 表布と見返しを中表に合わせ、出来上がり線を縫う

出来上がり

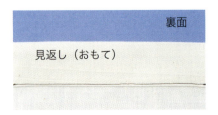

裏面　見返し（おもて）

表面　表布（おもて）

見返し始末の仕方 — 直線の見返し始末

方法3

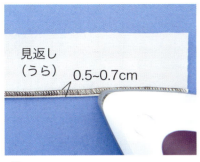

② 見返し端の縫い代を折る

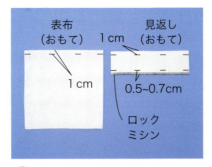

① それぞれ縫い代をつけて裁断する。見返しの裏面に接着芯をはり、ロックミシンをかける

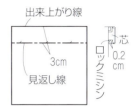

見返し端にロックミシンをかけてからロックミシン部分を折り、ミシンで押さえます。丁寧な見返し端の始末です。

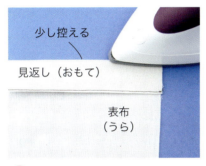

⑤ 『方法1』の③～⑦同様にアイロンをかけ表に返し、見返し側を少し控えて整える

④ 表布と見返しを中表に合わせ、出来上がり線を縫う

③ 見返し端の縫い代を押さえるように表側からミシンをかける

出来上がり

角の見返し始末

衿ぐり線でよく使われる始末の方法です。角の部分は切り込みを入れるので、表布には丸く切った接着芯（力布）をはり、ほつれないように角を補強します。

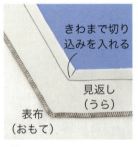

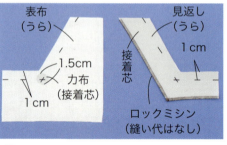
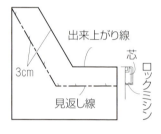

3 角の縫い代に切り込みを入れる

2 表布と見返しを中表に合わせ、出来上がり線を縫う

1 それぞれ縫い代をつけて裁断する。見返しの裏面に接着芯をはり、ロックミシンをかける。表布の角の裏面に力布（接着芯）をはる

スクエアネックの衿ぐり線などで使われる見返し始末です。

※全体にアイロンをあてると表面にアタリが出るので注意しましょう。

※アイロンが接着芯に直接あたらないように注意しましょう。

7 縫い代部分だけを押さえるようにアイロンをかける

6 表に返し、見返し側を少し控えるように整える

5 縫い代を見返し側に片倒しする

4 縫い目（出来上がり線）で縫い代を見返し側に折る

きれいに縫えなかった人はここをチェックしてみよう！

角にシワが出来る

❸で入れる切り込みが短いと、表に返した時に縫い代がつれて、角にしわがよってしまいます。切り込みは縫い糸を切らないように縫い目のきわまで入れましょう。

出来上がり

曲線の見返し始末

衿ぐり線やポケット口などによく使われる始末の方法です。曲線部分は縫い代がつれないように注意しましょう。

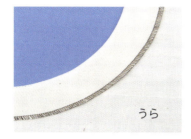

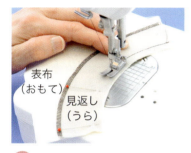

② 表布と見返しを中表に合わせ、出来上がり線を縫う

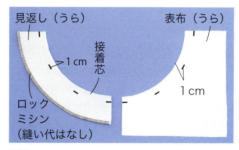

① それぞれ縫い代をつけて裁断する。見返しの裏面に接着芯をはり、ロックミシンをかける

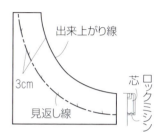

ラウンドネックの衿ぐり線や、ポケット口などで使われる曲線の見返し始末です。

⑤ 縫い代を見返し側に片倒しする

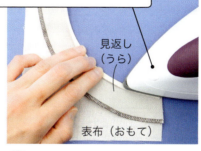

※アイロンが接着芯に直接あたらないように注意しましょう。

④ 縫い目（出来上がり線）で縫い代を見返し側に折る

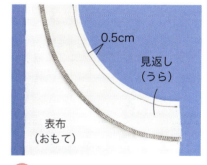

③ 縫い代を0.5cmにカットする

ワンポイント！

③で縫い代を細くカットしても表に返した時につれる場合は、曲線の縫い代部分に切り込みを入れましょう。

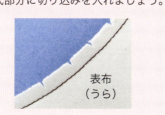

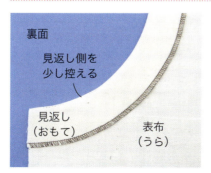

⑥ 表に返してアイロンで整えて、出来上がり（56ページ⑥〜⑦参照）

スラッシュあきの見返し始末

ブラウスの袖口や、後ろ中心の衿ぐりのあきによく使用される縫い方です。出来上がり線を縫ってから切り込みを入れて表に返すため、裁断の段階では切り込みは入れないので注意してください。

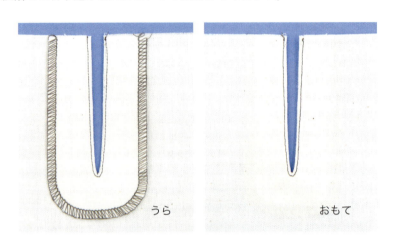

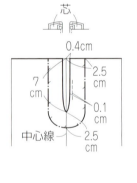

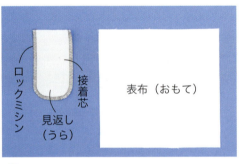

1 切り込みは入れずに見返しと表布を裁断する。見返しの裏側には接着芯をはり、ロックミシンをかける

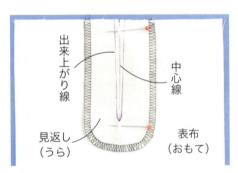

2 チャコペンなどで見返しに中心線と出来上がり線を書く。表布と見返しを中表に合わせ、まち針でとめる

※切り込みを入れるので、ほつれにくくするために、針目は細かくして縫いましょう。

3 出来上がり線の直線部分に針目を細かくしてミシンをかける

カーブの少し手前から針目を更に細かくする

カーブはこまめに布の方向を変えながら縫い進める

見返し始末の仕方 / スラッシュあきの見返し始末

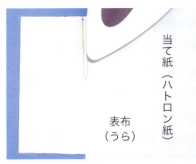

④ 表布にアタリが出ないように、ハトロン紙などの当て紙を表布と見返しの間に挟んで縫い目にアイロンをかける

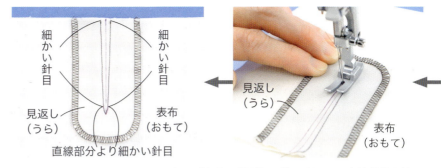

カーブを少し過ぎたら針目を戻して直線部分を縫う

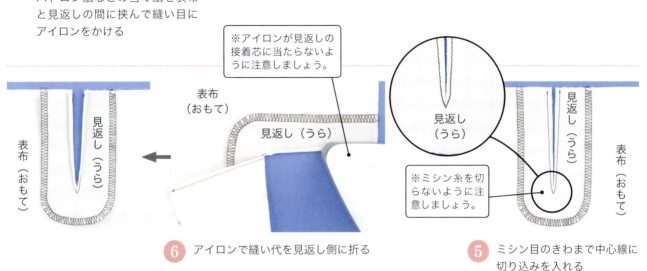

⑥ アイロンで縫い代を見返し側に折る

⑤ ミシン目のきわまで中心線に切り込みを入れる

⑨ 見返しが少し控えられるように指で整える

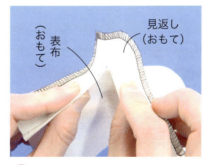

⑧ 表に返す

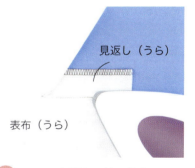

⑦ 見返しを開き、縫い代を見返し側に倒す

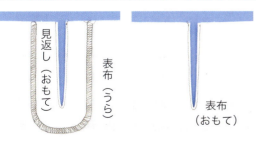

出来上がり

⑪ 表布側からミシンをかける

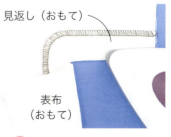

⑩ 縫い代を押さえるようにアイロンをかける

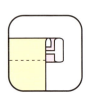

バイアステープを使った直線の縫い代始末

バイアステープを使った始末の方法です。バイアステープは両端が折れているもの（両折りバイアステープ）を使用します。バイアステープの縫い代が決まっているので、それに合わせて表布の縫い代をつけます。

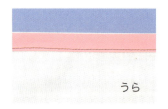
うら

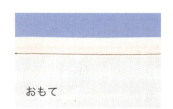
おもて

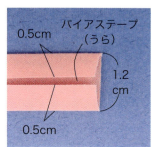

両折りバイアステープを使用します。表布の縫い代はバイアステープの縫い代に合わせてつけます

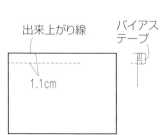

① バイアステープの縫い代に合わせて縫い代（0.5cm）をつける

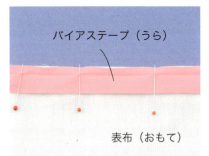

② バイアステープの縫い代を開き、中表に合わせてまち針でとめる

③ 出来上がり線を縫う

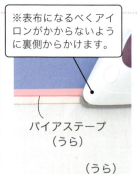

④ 縫い代をバイアステープ側に倒す

※表布になるべくアイロンがかからないように裏側からかけます。

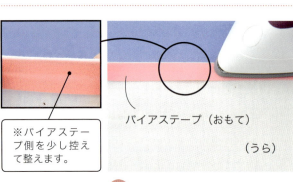

⑤ 裏側にバイアステープを返して、アイロンで整える

※バイアステープ側を少し控えて整えます。

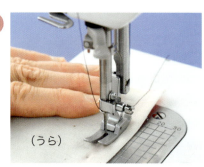

⑥ 表側からミシンをかける

※表側から縫うのが難しい場合は、裏側から縫うこともできます。

出来上がり

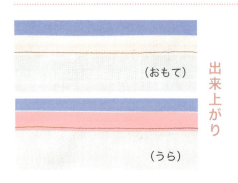
（おもて）
（うら）

バイアステープを使った曲線の縫い代始末

衿ぐりによく使われるバイアステープを使った始末の方法です。バイアステープは曲線に合わせてくせとりをして使用します。

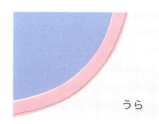

うら　　おもて

② バイアステープを型紙の出来上がり線に合わせる

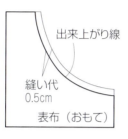

① バイアステープの縫い代に合わせて縫い代（0.5cm）をつける

両折りバイアステープを使用します。表布の縫い代はバイアステープの縫い代に合わせてつけます

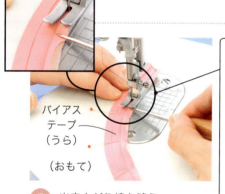

⑤ 出来上がり線を縫う

※目打ちで縫い代を押さえて、伸ばさないように角度を細かく変えて縫い進めましょう。

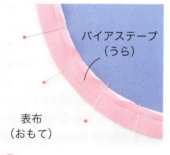

④ バイアステープの縫い代を開き、表布と中表に合わせ、まち針でとめる

※ここできちんとくせとりをすると、キレイな仕上がりになります。

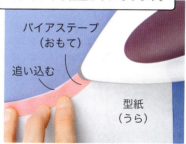

③ アイロンでカーブに合わせてくせとりをする

出来上がり

※表側から縫うのが難しい場合は、裏側から縫うこともできます。

⑦ 表側からミシンをかける

⑥ 裏側に返して、バイアステープ側を少し控えてアイロンで整える

部分的な縫い方

ダーツの縫い方（三角形の場合）

肩ダーツや、スカートのウエストダーツでよく見られる三角形のダーツの縫い方です。縫い代を片倒しにする方法と、縫い代を割る方法の2通りの手順をご紹介します。

縫い代を片倒す

縫い代を割る

縫い代を片倒しにする場合

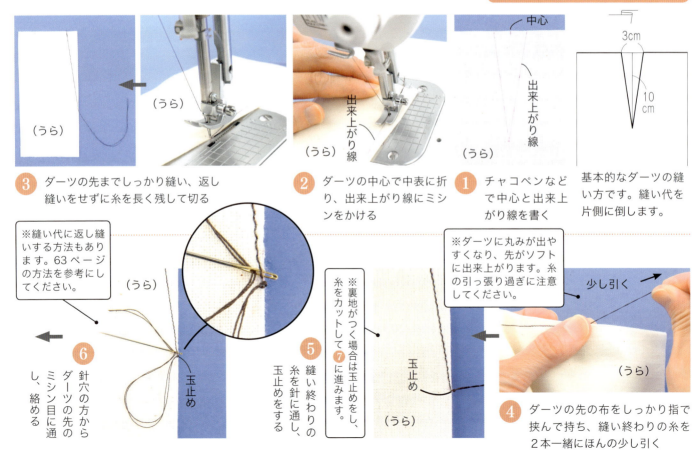

基本的なダーツの縫い方です。縫い代を片側に倒します。

1. チャコペンなどで中心と出来上がり線を書く

   ※ダーツに丸みが出やすくなり、先がソフトに出来上がります。糸の引っ張り過ぎに注意してください。

2. ダーツの中心で中表に折り、出来上がり線にミシンをかける

3. ダーツの先までしっかり縫い、返し縫いをせずに糸を長く残して切る

   ※縫い代に返し縫いする方法もあります。63ページの方法を参考にしてください。

4. ダーツの先の布をしっかり指で挟んで持ち、縫い終わりの糸を2本一緒にほんの少し引く

5. 縫い終わりの糸を針に通し、玉止めをする

   ※裏地がつく場合は玉止めをし、糸をカットして7に進みます。

6. 針穴の方からダーツの先のミシン目に通し、絡める

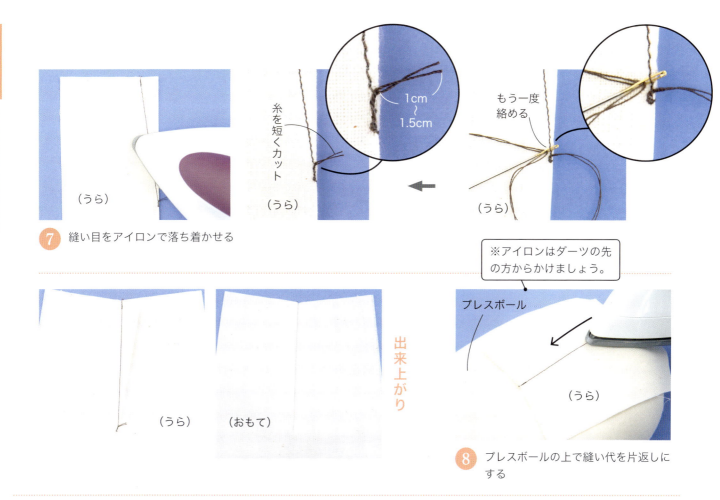

7 縫い目をアイロンで落ち着かせる

※アイロンはダーツの先の方からかけましょう。

8 プレスボールの上で縫い代を片返しにする

ダーツの先の糸の処理の仕方（縫い代に返し縫いする方法）

ダーツの縫い代に小さな返し縫いをして糸を処理する方法です。縫い目が細かくて縫い目に針が通りずらい時はこちらの方法がオススメです。

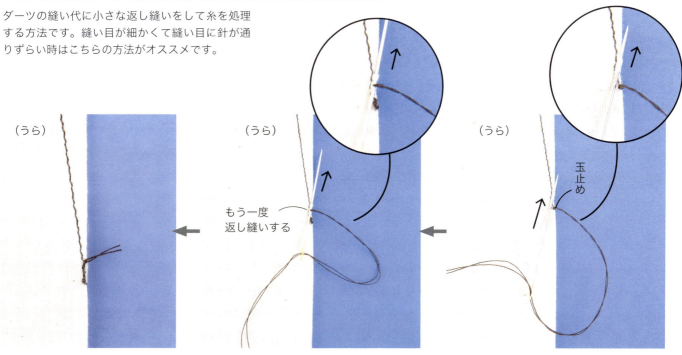

縫い終わりの糸を針に通し、玉止めをする。ダーツの先の縫い代部分に返し縫いをして糸を処理する。

縫い代を割る場合

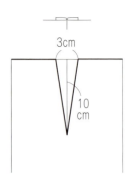

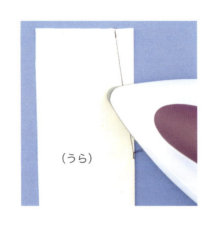

1. ダーツの中心で中表に折り、『片返しにする場合』❶～❼と同様にダーツを縫い、糸の処理をしてアイロンで縫い目を落ち着かせる

使用する生地が厚地でほつれにくく、裏地がつく場合、ダーツの縫い代に切り込みを入れ、縫い代を割って仕立てます。こうすることによって、縫い代が薄く出来上がります。

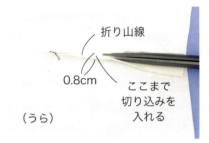

2. はさみで折り山線に切り込みを入れる

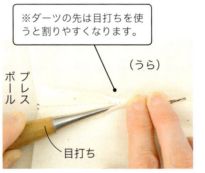

※ダーツの先は目打ちを使うと割りやすくなります。

3. プレスボールの上で、縫い代を割る

4. ダーツの先の方からアイロンをかける

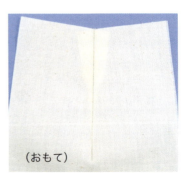

出来上がり

ダーツの縫い方（ひし形の場合）

ワンピースやブラウスのウエストダーツに使われることが多い、ひし形ダーツの縫い方です。縫い代を片倒しにする場合と、当て布を使って縫い代を割る場合の2通りの手順をご紹介します。

縫い代を片倒す

縫い代を割る

縫い代を片倒しにする場合

3 ダーツの先までしっかり縫い、返し縫いをせずに糸を長く残して切る

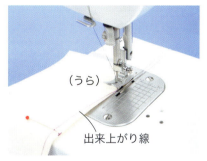

2 ダーツの中心で中表に折り、縫い始めの糸を長く出してから出来上がり線を縫う（返し縫いはしない）

1 チャコペンなどで中心と出来上がり線を書く

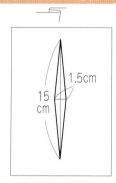

基本的なダーツの縫い方です。縫い代を片側に倒します。

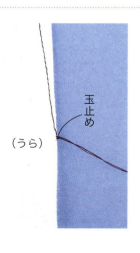

5 縫い始めの糸を針に通し、玉止めをする（縫い終わりも同様）

※裏地がつく場合は玉止めをし、糸をカットして **7** に進みます。

4 ダーツの先の布をしっかり指で挟んで持ち、縫い始めの糸を2本一緒にほんの少し引く（縫い終わりも同様）

※ダーツに丸みが出やすくなり、先がソフトに出来上がります。糸の引っ張り過ぎに注意してください。

部分的な縫い方 ダーツの縫い方（ひし形の場合）

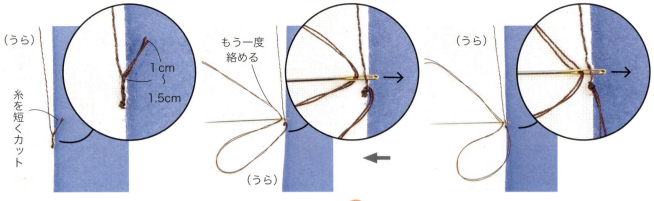

⑥ 針穴の方からダーツの先のミシン目に通し、絡める

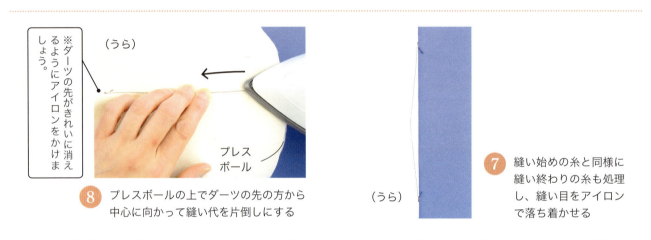

⑧ プレスボールの上でダーツの先の方から中心に向かって縫い代を片倒しにする

⑦ 縫い始めの糸と同様に縫い終わりの糸も処理し、縫い目をアイロンで落ち着かせる

※ダーツの先がきれいに消えるようにアイロンをかけましょう。

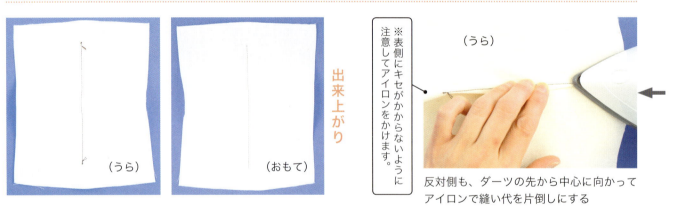

出来上がり

反対側も、ダーツの先から中心に向かってアイロンで縫い代を片倒しにする

※表側にキセがかからないように注意してアイロンをかけます。

きれいに縫えなかった人はここをチェックしてみよう！

表布にダーツの形のアタリが出る

ダーツの縫い代をアイロンで倒す時に、生地によっては表布にアタリが出てしまう場合があります。そんな時は、ハトロン紙などの薄い紙を二つ折りにし、わになっている方をダーツと表布の間に挟み、アイロンをかけるとアタリが軽減されます。

部分的な縫い方 — ダーツの縫い方（ひし形の場合）

1 当て布を使って縫い代を割る場合

裏地がつく場合に使用される縫い方です。厚手の生地で縫い代を片倒しにするとアタリが出てしまう場合や、縫い代を割った状態に仕立てたい場合、当て布（共布、スレキなど）を使ってダーツを縫い、縫い代を割ります。

チャコペンなどで中心と出来上がり線を書く

2

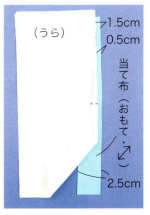

ダーツの中心で中表に折り、当て布に重ねる（当て布の長さはダーツの長さ+3cm）

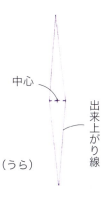

3

縫い始めの糸を長く出してから出来上がり線を縫う（返し縫いはしない）

4
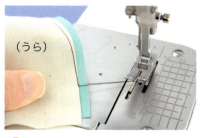
ダーツの先までしっかり縫い、返し縫いをせずに糸を長く残して切る

5
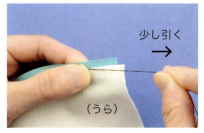
ダーツの先の布をしっかり指で挟んで持ち、縫い始めの糸を2本一緒にほんの少し引く（縫い終わりも同様）

6
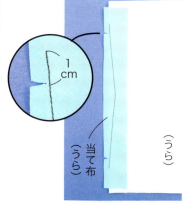
縫い始めの糸を針に通し、65ページの⑤と同様に玉止めをして、糸を1〜1.5cm残して切る（縫い終わりも同様）

7
縫い目をアイロンで落ち着かせ、当て布のみ切り込みを入れる

8

表布を広げ、当て布をめくり、表布の折りじわにアイロンをかける

9

ダーツの先から中心に向かって縫い代をアイロンで割る

反対側のダーツの先も中心に向かって縫い代を割る

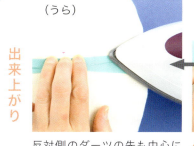

出来上がり

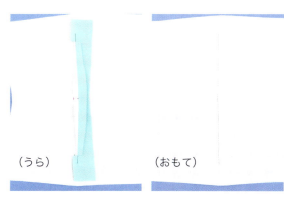

ギャザーの縫い合わせ方

ギャザーを寄せるためのミシンは普段縫う縫い目より粗い針目で2本縫います。ギャザーは片方の糸（下糸）を引いて寄せますが、上糸と下糸両方を引くとギャザーが寄らなくなるので注意しましょう。

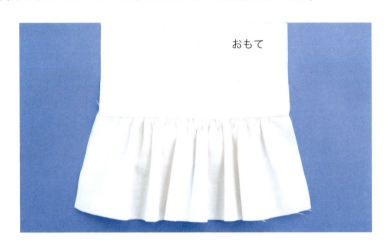

出来上がり線の上下にギャザーを寄せるミシンをかける場合

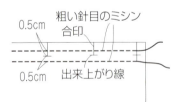

出来上がり線の上下に、ギャザーを寄せるための粗い針目のミシンをかけるので、縫い合わせの時にギャザーが安定して、きれいに縫い合わせることができます。出来上がり線より内側の粗い針目のミシンは後でほどくので、針穴が目立つデリケートな布の場合は避けた方が良いでしょう。

生地を裁断してそれぞれ合印をつける

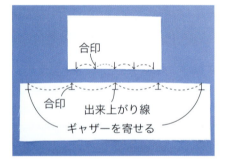

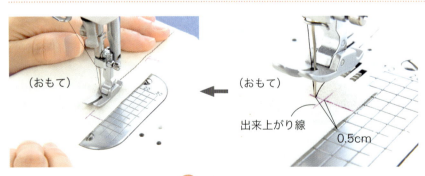

② ギャザーを寄せるための粗い針目のミシンを出来上がり線より0.5cm内側にかける

① 上糸と下糸を長く引き出してから縫い始める

部分的な縫い方 ギャザーの縫い合わせ方

3 縫い終わりの糸を長く残して切る

4 出来上がり線より0.5cm外側に粗い針目のミシンをかける

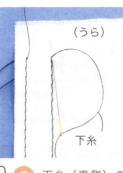

5 下糸（裏側）の糸を針に通し、半目返して縫う（粗い針目のミシンの両端計4カ所行う）

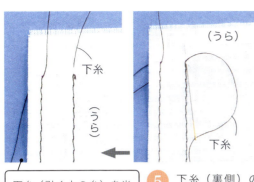

下糸（引く方の糸）を半目返し縫いのように縫うことで、糸が抜けにくくなり、上糸が下糸側に出てくることを防げます。

※両端から中心に向かって、つけ寸法に合わせてギャザーを寄せましょう。

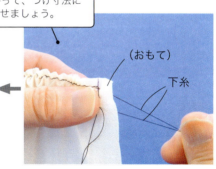

6 下糸を2本一緒に持って糸を引き、ギャザーを寄せる（必ず2本一緒に引く）

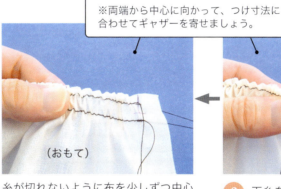

糸が切れないように布を少しずつ中心に向かって、おおよそつけ寸法になるように寄せる

7 アイロン台の上で、出来上がり線の上下に、まち針を刺して固定する。合印間の長さが合うように下糸を引き、ギャザー分量を調節する

8 目打ちでギャザーが均等になるように整える

※出来上がり線より内側はつぶさないように注意しましょう。

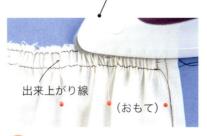

9 上側から刺していたまち針を外し、ギャザーをつぶすように、縫い代のみアイロンをかける

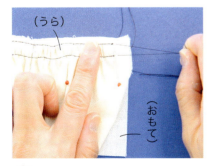

10 表布とギャザーを寄せた布を中表に合わせ、合印を合わせてまち針でとめ、縫い合わせの寸法がピッタリ合うように微調整する

ギャザーの縫い合わせ方

⑪ ギャザーが偏らないように、目打ちを使いながら、出来上がり線にミシンをかける

⑫ 縫い代のみアイロンをかける

⑬ 縫い代のおさまりが良いように、端から0.3cmのところに押さえミシンをかける。又はロックミシンをかける

⑭ 出来上がり線より内側の粗い針目のミシンをほどき、縫い代を上側に片返しする

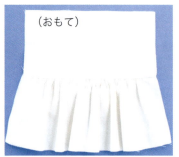

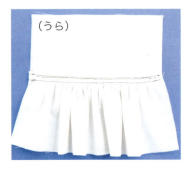

出来上がり

縫い代にギャザーを寄せるミシンをかける場合

出来上がり線より外側に、ギャザーを寄せるための粗い針目のミシンをかけるので表面に針目が残らず、きれいに仕上がります。縫い合わせの時にギャザーが安定しにくいので、大きなタックが寄らないように目打ちを使って縫い進めましょう。

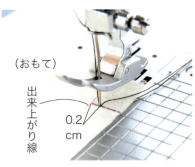

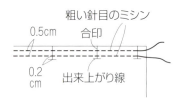

① ギャザーを寄せるための粗い針目のミシンを、出来上がり線より0.2cm縫い代側にかける

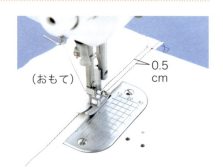

② ①のミシンから0.5cm離して2本目の粗い針目のミシンをかける

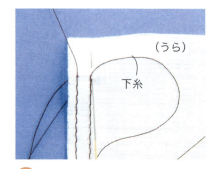

③ 下糸（裏側）の糸を針に通し、半目返して縫う。（粗い針目のミシンの両端、計4カ所行う）

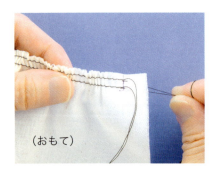

④ 下糸を2本一緒に持って糸を引き、両側からギャザーを寄せる（必ず2本一緒に引く）

部分的な縫い方 ギャザーの縫い合わせ方

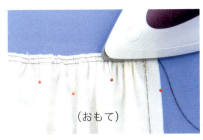

7 上側から刺していたまち針を外し、ギャザーをつぶすように、縫い代のみアイロンをかける

6 目打ちで、ギャザーが均等になるように整える

5 アイロン台の上で、出来上がり線の上下に、まち針を刺して固定する。合印間の長さが合うように下糸を引き、ギャザー分量を調節する

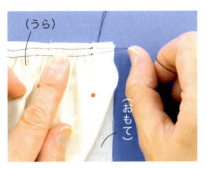

10 縫い代のみアイロンをかける

9 ギャザーが偏らないように、目打ちを使いながら、出来上がり線にミシンをかける

8 表布とギャザー布を中表に合わせ、合印を合わせてまち針でとめ、縫い合わせの寸法がピッタリ合うように微調整する

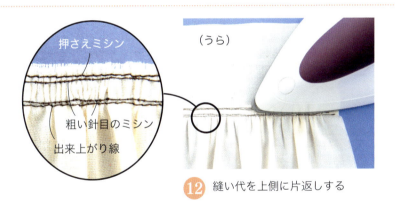

12 縫い代を上側に片返しする

11 縫い代のおさまりが良いように、端から0.3cmのところに押さえミシンをかける

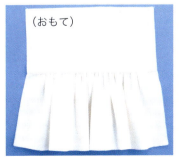

出来上がり

フリルの縫い合わせ方

カーブ線にフリルをつける方法のご紹介です。カーブ部分はフリルの端のギャザー分量が足りなくならないように、多めにギャザーを寄せておくのがポイントです。ギャザーを寄せるための粗い針目のミシンは、出来上がり線の上下にかける方法で解説していきます。

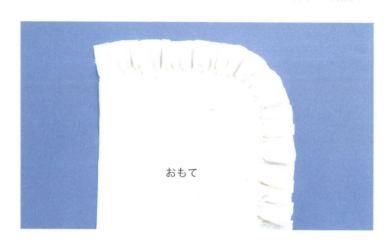

※上糸と下糸を長く引き出してから縫い始めます。

③ 縫い終わりの糸を長く残して切る

② ギャザーを寄せるための粗い針目のミシンを出来上がり線より0.5cm内側にかける

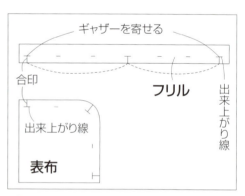

① 生地を裁断し、合印をつける

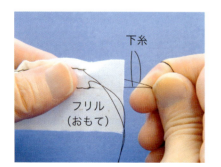

※下糸（引く方の糸）を半目返し縫いのように縫うことで、糸が抜けにくくなり、上糸が下糸側に出てくることを防げます。

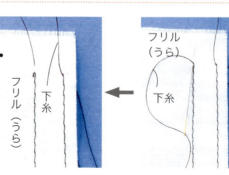

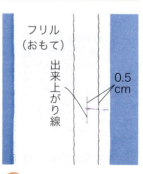

⑥ 下糸を2本一緒に持って糸を引き、ギャザーを寄せる（両端から寄せる）

⑤ 下糸（裏側）の糸を針に通し、半目返して縫う（4か所）

④ 出来上がり線より0.5cm外側にも同様に粗い針目のミシンをかける

部分的な縫い方 — フリルの縫い合わせ方

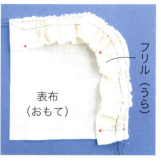

⑨ 縫い合わせの寸法に合わせて二本の糸をそれぞれ引き、フリルが浮かないようにギャザー分量を整える

※カーブ部分はギャザーを多めに、直線部分はギャザーが偏らない様に調整します。

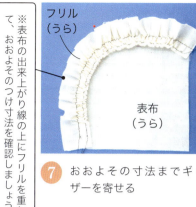

⑧ 表布とフリルを中表に合わせ、合印を合わせてまち針でとめる

⑦ おおよその寸法までギャザーを寄せる

※表布の出来上がり線の上にフリルを重ねて、おおよそのつけ寸法を確認しましょう。

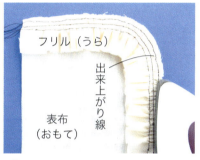

⑫ 縫い代のみアイロンをかける

⑪ ギャザーが偏らないように、目打ちを使いながら、出来上がり線にミシンをかける。（フリルの縫い代をアイロンでつぶしておくとミシンがかけやすくなる）

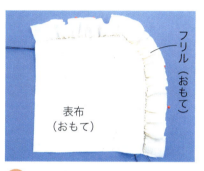

⑩ まち針を刺したまま表に返し、カーブ部分のギャザーの分量が足りているか確認する

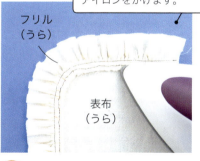

⑭ 縫い代を表布側に倒し、フリルをつぶさないように縫い代のみにアイロンをかける

※あたりが出る場合はカーブに合わせた厚紙を挟んでアイロンをかけます。

⑬ 出来上がり線より内側の粗い針目のミシンをほどく

針穴が目立つデリケートな素材の場合

出来上がり線より外側に、ギャザーを寄せるための粗い針目のミシンを2本かけます。

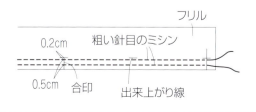

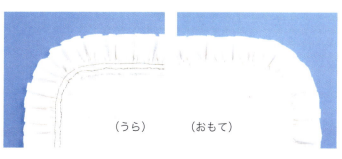

出来上がり

タックの縫い方

縫い止まりがあるタックの場合、縫い止まりの生地への負担を減らすため、陰ひだにミシンをかけます。2通りのタックの縫い方をご紹介します。

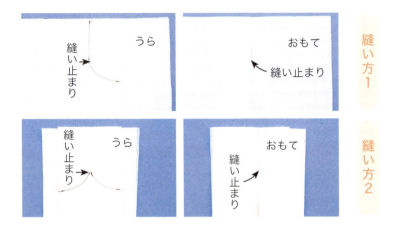

縫い方1

縫い方2

縫い方1

※印がつけられない素材の場合は、糸で縫い印をつけたり、カーブの型紙を使用します。

③ 縫い止まりまで縫う

② 印を合わせて中表に折り、陰ひだにかけるミシンの案内線に印をつける（1.5～2cm、案内線(ゆるやかなカーブ)）

① タックの縫い始めと縫い終わりに印をつける

縫い止まりで返し縫いすることで、縫い止まりの補強になります。

⑥ 縫い目をアイロンで落ち着かせる

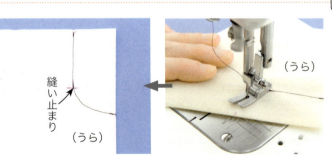

⑤ 縫い止まりより下は、案内線に合わせてカーブに縫う

④ 縫い止まりで一度返し縫いをする

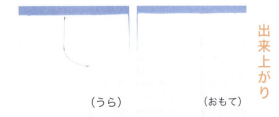

出来上がり

⑦ きせがかからないように注意し、タックの縫い止まりまでアイロンをかける（表からアイロンをかける場合は当て布をする）

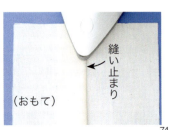

タックの縫い方

縫い方2

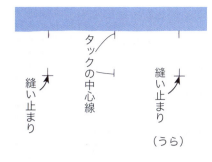

① タックの縫い始めと縫い終わり、タックの中心線に印をつける

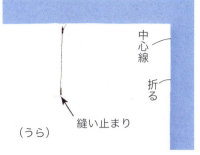

② 印を合わせて中表に折り、縫い止まりまで縫う。縫い目をアイロンで落ち着かせる

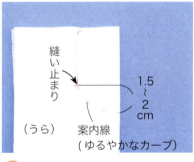

⑤ 縫い止まりまでアイロンをかける

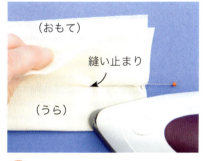

④ 縫い目を割り、中心線を合わせてタックを折る

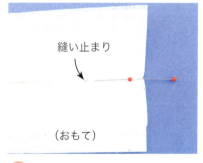

③ 目印になるように折り山（タックの中心線）にアイロンをかける

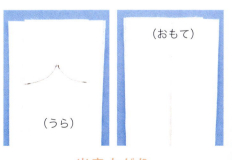

⑧ 陰ひだにかけるミシンの案内線に印をつける

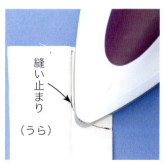

⑦ 縫い止まりの少し手前まで、陰ひだ山にアイロンをかける（反対側も同様）

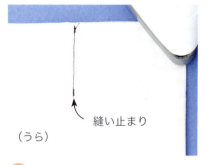

⑥ 左右のタックがずれないように、縫い目と中心線を合わせて、まち針でとめる

出来上がり

⑩ ⑨で縫った縫い目をアイロンの先でおちつかせる
※もう片方も同様に縫う。

※縫い止まりから下をカーブに縫うことで、縫い止まりにかかる生地への負担を分散させます。

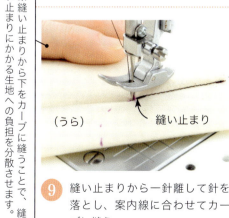

⑨ 縫い止まりから一針離して針を落とし、案内線に合わせてカーブに縫う

副資材のつけ方

 ## スプリングホックのつけ方

スプリングホックはワンピースやスカートなどのファスナーあきの上につけたり、前端が突き合わせのジャケットの留め具にも使われます。小さくてつけにくいと思いますが、最初にスプリングホックのつけ位置に部分的に固定してからつけていくと、縫いやすくなります。

スプリングホックのつけ位置

カギ側　　ループ側
0.2~0.3cm　0.2~0.3cm

カギ側

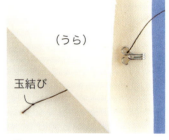

① 裏側からホックの上の穴の内側に始めの糸を出す

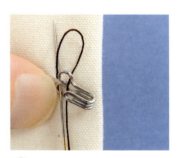

② 2つの穴の間に糸を渡す

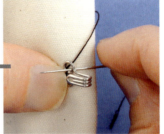

③ 上の穴から針を通し、もう一度下の穴との間に糸を渡す

カギホックがつけ位置に固定されました

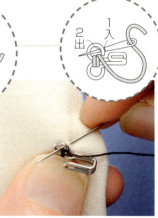

④ 穴の外側から穴の内側に向かって針を通す

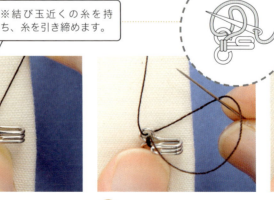

⑤ 糸は全部引く前に、できた輪の下から上へ針をくぐらせ、糸を引く

※結び玉近くの糸を持ち、糸を引き締めます。

⑥ 結び玉がホックの穴の外側に並ぶように糸を引き締める

⑦ ④〜⑥を繰り返し、穴のまわりをすべてかがる

副資材のつけ方

スプリングホックのつけ方

⑪ 玉止めをする

⑩ ホックの先を生地に2回縫いとめる

⑨ 穴をかがり終えたら、針をホックの先側に出す

⑧ もう片方の穴も同様にかがる

余分な糸をカットして出来上がり

出来上がり

⑬ 生地をしっかり押さえ、糸をキュッと引き、玉止めを生地の裏側に引き入れる

⑫ 玉止めをしたところのすぐそばに針を入れ、離れたところに出す

玉止め

ループ側

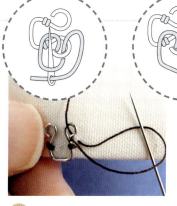
④ 糸は全部引き抜く前に、できた輪の下から上へ針をくぐらせ、結び玉がホックの穴の外側に並ぶように糸を引き締める

③ 針を内側に通し、次に穴の外側から穴の内側に向かって針を通す

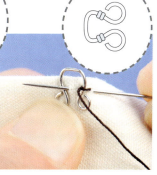
② 反対側の穴のつけ根も同様に、ホックの内側から糸を出し、生地に2回縫いとめる

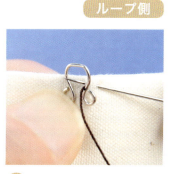
① 裏側からホックの内側に始めの糸を出し、ホックの穴のつけ根を生地に2回縫いとめる

余分な糸をカットして出来上がり

出来上がり

⑦ 玉止めをし、玉止めを生地の裏側に引き入れる

玉止め

⑥ 穴をかがり終えたら、針をホックの穴の端に出す

⑤ ③〜④を繰り返し、もう片方の穴も同様にかがる

カギホックのつけ方

スカートやパンツのウエストベルトで使用するカギホックのつけ方です。このカギホックは持ち出しがついていたり、打ち合いが重なっていないとつけられないので注意してください。

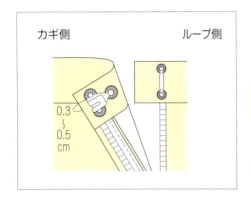

カギホックのつけ位置〈ウエストベルトの場合〉

まず、カギ側の位置を決め、それに合わせてループ側の位置を決めます。

カギ側

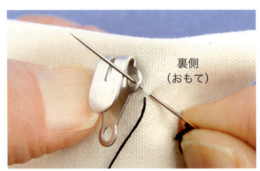

1. 生地の裏面からホックの外側に始めの糸を出し、次に穴の外側から穴の内側に向かって針を通す

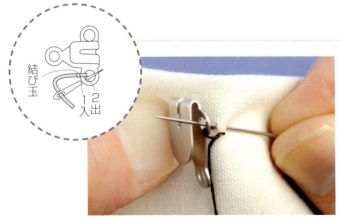
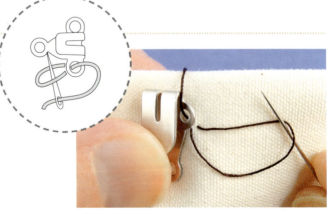

3. ❶〜❷を繰り返し、穴のまわりをすべてかがる

2. 糸を全部引き抜く前に、できた輪の下から上へ針をくぐらせ、結び玉がホックの穴の外側に並ぶように結び玉近くの糸を持ち、糸を引き締める

副資材のつけ方 カギホックのつけ方

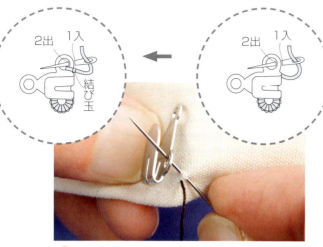

⑤ 穴の外側から穴の内側に向かって針を通し、❶〜❷を繰り返して、穴のまわりをすべてかがる

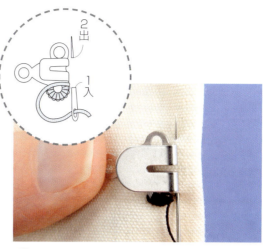

④ 1つ目の穴をかがり終えたら、反対側の穴の外側に針を通す

※かがり終えた位置の近くに針を出し、玉止めをしましょう。

⑧ 玉止めをする

⑦ 3つ目の穴をかがり終えたら、針を穴の端に出す

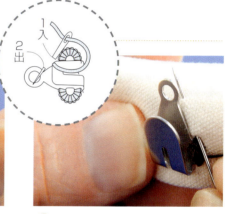

⑥ 2つ目の穴を全部かがり終えたら、3つ目の穴の外側に向かって針を通し、❶〜❷と同様に穴のまわりをすべてかがる

出来上がり

⑩ 玉止めしたところの生地を指でしっかり押さえ、糸をキュッと引き、玉止めを生地の裏面に引き入れる

⑨ 玉止めをしたところのすぐそばに針を入れ、離れたところに出す

カギホックのつけ方

ループ側

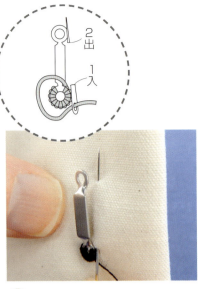
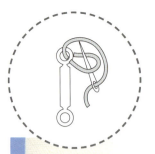

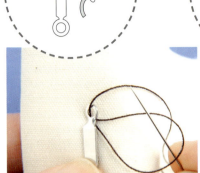

③ 1つ目の穴をかがり終えたら、反対側の穴の外側に針を通す

② 糸を全部引き抜く前に、できた輪の下から上へ針をくぐらせ、結び玉がホックの穴の外側に並ぶように糸を引き締める

① 生地の裏面からホックの外側に始めの糸を出し、次に穴の外側から穴の内側に向かって針を通す

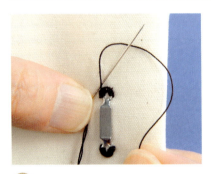
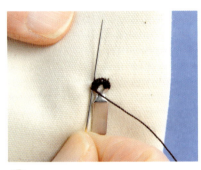

⑥ 玉止めをする

⑤ 穴をかがり終えたら、針を穴の端に出す

④ 穴の外側から穴の内側に向かって針を通し、①～②を繰り返し、穴のまわりをすべてかがる

出来上がり

⑧ 玉止めしたところの生地を指でしっかり押さえ、糸をキュッと引き、玉止めを生地の裏側に引き入れる

⑦ 玉止めをしたところのすぐそばに針を入れ、離れたところに出す

スナップのつけ方

凸側は重なりの上側に、凹側は下側につけるのが一般的です。表布と色が似ている裏布でスナップをくるんで使用するとスナップが目立たず、ワンランク上の出来上がりになります。

スナップのつけ位置

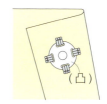

凸スナップ

1 スナップつけ位置にチャコペンで印をつける。表面からスナップつけ位置に×をかくように生地をすくって糸を渡す

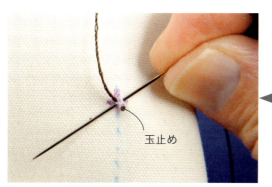

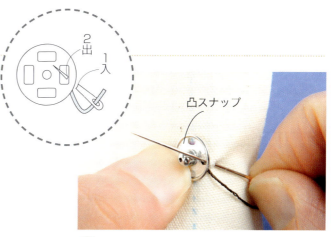

2 スナップをつけ位置の中心に置き、穴の外側から穴の内側に向かって針を通す

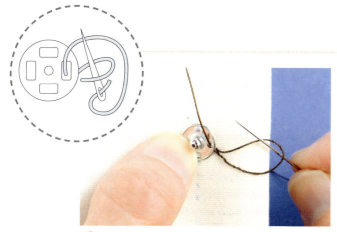

3 糸を全部引き抜く前に、できた輪の下から上へ針をくぐらせる。結び玉がスナップの穴の外側に並ぶように結び玉近くの糸を持ち、糸を引き締める

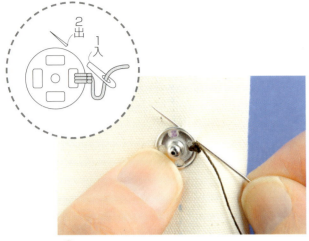

⑤ 1つ目の穴をかがり終えたら、隣の穴の外側に針を通し、穴をかがる

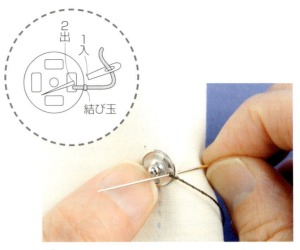

④ ❷～❸を繰り返し、穴のまわりをかがる

⑧ 玉止めをしたところのすぐそばに針を入れ、離れたところに出す

⑦ 玉止めをする

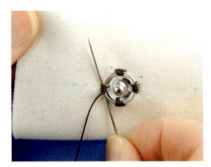

⑥ 4つの穴をすべてかがり終えたら、針を穴の端に出す

凹スナップ

凹スナップも凸スナップと同じようにして穴をかがります

出来上がり

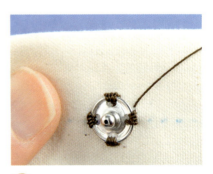

⑨ 玉止めしたところの生地を指でしっかり押さえ、糸をキュッと引き、玉止めを生地の裏面に引き入れる。糸をカットする

副資材のつけ方 / スナップのつけ方

凹スナップ

スナップを裏布でくるんで使用する場合

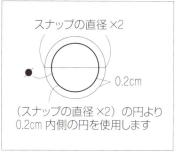

（スナップの直径×2）の円より0.2cm内側の円を使用します

スナップをくるむ裏布の大きさ

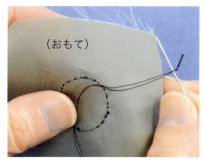

② 糸は二本どりで使用し、線の上を細かく縫う。最後の糸は糸端の玉結びの輪に通す

① 裏布に（凹スナップの直径×2）－0.4cmの円をチャコペンでかく。（※円の大きさは目安です。スナップのサイズによって、調整してください）

  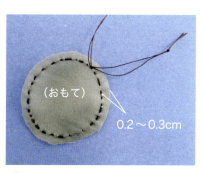

⑤ 糸を引き絞り、スナップをくるむ

④ 凹スナップのへこんでいる面を裏布と合わせる

③ 縫い代を0.2～0.3cmにカットする

 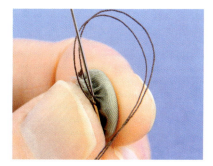 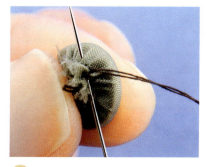

出来上がり

⑦ 玉止めをする

⑥ 縫った部分をすくうように糸を何度か渡して縫う

凸スナップ

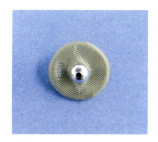   

④ 縫った部分をすくうように糸を何度か渡して縫い、玉止めをして完成

③ 凸スナップを②であけた穴から出し、糸を引き絞り、スナップをくるむ

② 目打ちで中心に穴をあける

① 裏布に（凸スナップの直径×2）－0.4cmの円をかき、凹スナップの①～③と同様に裏布を用意する

ボタン穴の作り方

ボタン穴の大きさと位置の決め方

身頃の前あき部分に作る場合、ボタン穴は上前に作ります。女性用は上前（右前身頃）にボタン穴、下前（左身頃側）にボタンをつけるのが一般的です。

よこ穴とたて穴を使う場合
台衿つきシャツカラーや、スタンドカラーなどで、前立てや短ざくあきがあるデザインでは、衿のボタンをよこ穴、前端のボタンをたて穴にあけます。

たて穴の場合
前立てや短ざく、前端に切り替えがあるデザインでは、ボタン穴をたてにあけることが多いです。

よこ穴の場合
よこ穴は、ジャケットやブラウス、カフスやウエストベルトなど、使用頻度が高いボタン穴です。

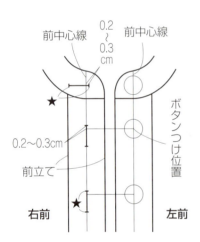
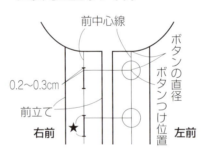
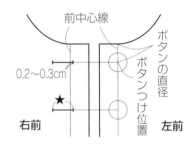

使用する糸の用意（ろう引きの方法）

糸をろう引きすることで、糸に張りが出て、撚りがほどけにくくなります。
糸は穴かがり用の穴糸を使用し、ボタン穴の約30倍の長さを用意します。

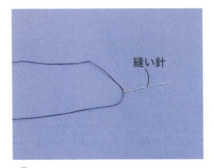

③ 縫い針に通して使用する

② 糸をハトロン紙に挟み、上からアイロンで押さえて糸を引く。（糸にろうがしみ込み、ハトロン紙が余分なろうを吸いとる）

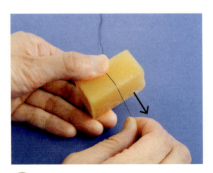

① ボタン穴の約30倍の長さの穴糸を用意し、ろうに溝を作るように糸を引く（糸にろうをつける）

片止め穴かがり

ブラウスの身頃や、カフスなど、使用頻度が高く、主によこ穴の場合のかがり方です。ボタン穴の大きさを決めたら、使用する生地の余り布に切り込みを入れ、実際に使用するボタンが通るか確認してから本番のボタン穴を作ると安心です。

（おもて）

かがり方手順

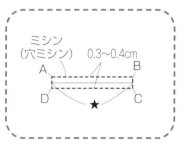

★=ボタン穴の大きさ
決め方は84ページ参照

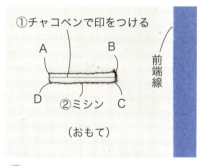

1 ボタン穴をあける位置にチャコペンで印をつけ、まわりにミシンをかける（穴ミシン）

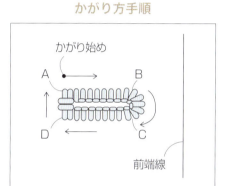

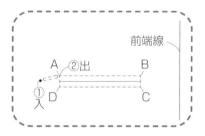

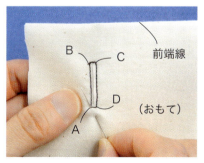

3 糸は一本どりで玉結びをし、少し離れたところから2枚の生地の間を通し、穴かがりをする始めの位置（A）に針を出す

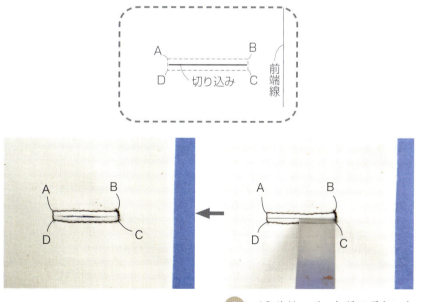

2 ノミやリッパーなどでボタン穴の切り込みを入れる

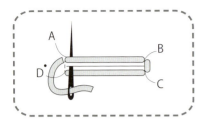
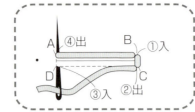
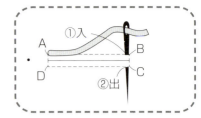

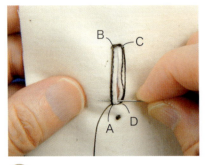

⑤ 切り込みから針を入れ、裏側から穴ミシンのきわに針を出す

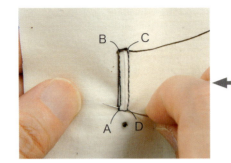

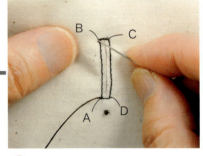

④ 穴ミシンの線上に糸を渡す（芯糸）

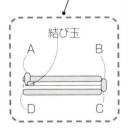

※糸をやや上向きに引き上げ、引き締めることで、結び玉が上向きにキレイに並びます。

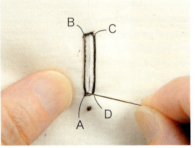

⑦ 結び玉が切り込みの端に並ぶように、結び玉近くの糸を持ち、水平よりやや上向きに引き上げ、引き締める

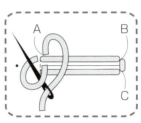

⑥ 糸を全部引き抜く前に、できた輪の下から上へ針をくぐらせる

※かがり幅をそろえながら、結び玉が上向きにキレイに並ぶようにしましょう。

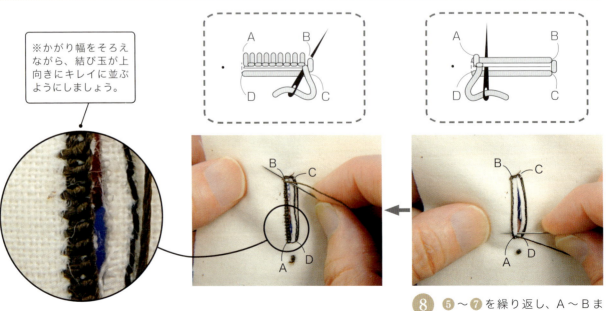

⑧ ⑤〜⑦を繰り返し、A〜Bまでのボタン穴の上端をすべてかがる

ボタン穴の作り方 片止め穴かがり

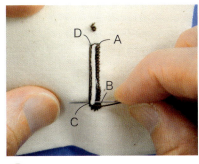
⑩ 同様にC〜Dのボタン穴の下端をすべてかがる

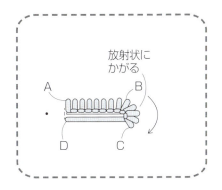

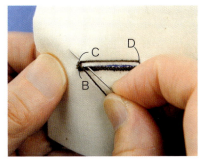
⑨ B〜Cを放射状にかがる

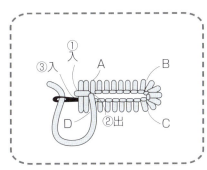

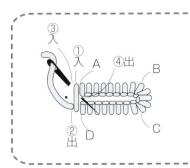

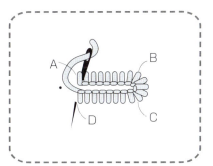

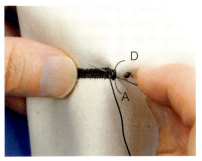
⑬ 止め糸をまとめるように2回糸を渡す

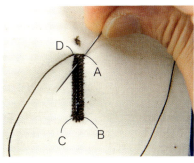
⑫ A〜Dに2回止め糸を渡し、ボタン穴から針を出す

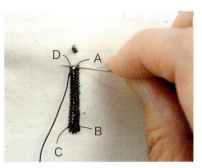
⑪ Aのかがり始めの糸をすくい、糸を引き締める

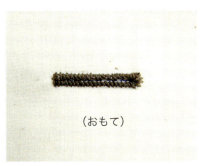
⑯ 表に返して始めに作った玉結びを切って出来上がり

⑮ かがった部分をすくって返し縫いをし、糸を切る

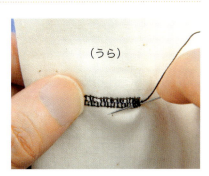
⑭ 裏側に返し、かがった糸の部分に針をくぐらせる

両止め穴かがり

シャツの前立てに良く使用され、主にたて穴の場合のかがり方です。ボタン穴の大きさは、使用するボタンの直径と厚みを目安に決めます。両止め穴かがりは、たて穴で使うことが多いので、今回はたて穴で解説していきます。

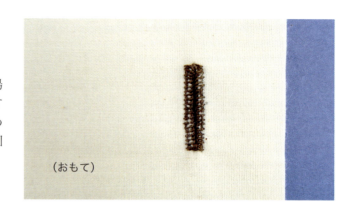

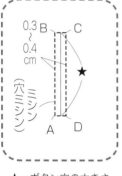

★＝ボタン穴の大きさ決め方は84ページ参照

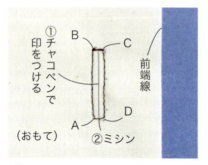

1 ボタン穴をあける位置にチャコペンで印をつけ、まわりにミシンをかける（穴ミシン）

かがり方手順

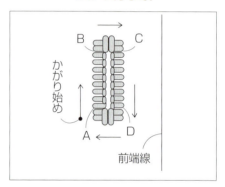

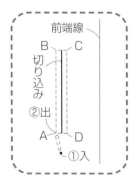

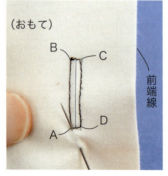

3 糸は一本どりで玉結びをし、少し離れたところから2枚の生地の間を通し、穴かがりをする始めの位置（A）に針を出す

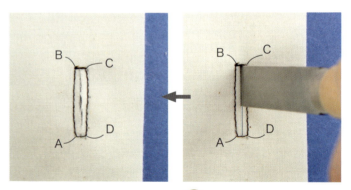

2 ノミやリッパーなどでボタン穴の切り込みを入れる

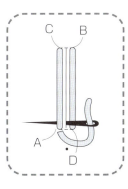 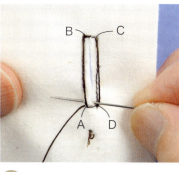

⑤ 切り込みから針を入れ、裏側から穴ミシンのきわに針を出す

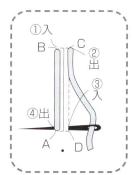 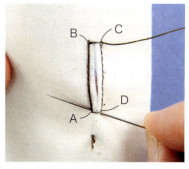

④ 穴ミシンの線上に糸を渡す（芯糸）

※糸をやや上向きに引き上げ、引き締めると、結び玉が上向きにキレイに並びます。

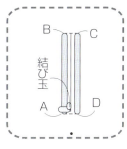 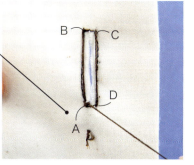

⑦ 結び玉が切り込みの端に並ぶように、結び玉近くの糸を持ち、水平よりやや上向きに引き上げ、引き締める

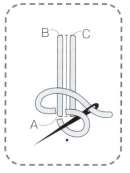 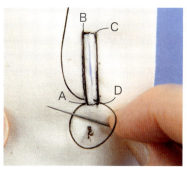

⑥ 糸を全部引き抜く前に、できた輪の下から上へ針をくぐらせる

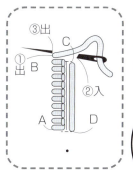 

※かがり幅をそろえながら、結び玉を上向きにキレイに並ぶようにしましょう。

⑨ 上までかがり終えたら、切り込みからBに針を出し、C〜Bに止め糸を2回渡す

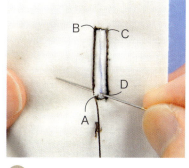

⑧ ⑤〜⑦を繰り返し、A〜BまでのボタンAの片端をすべてかがる

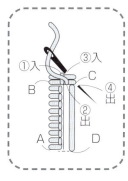 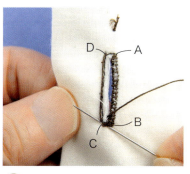

⑪ 止め糸をまとめるように2回糸を渡し、Cに針を出す

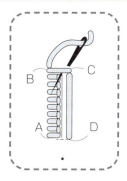 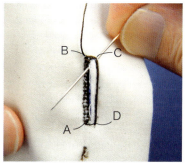

⑩ 切り込みから針を出す

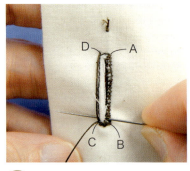 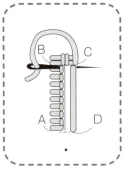 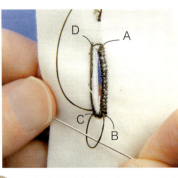 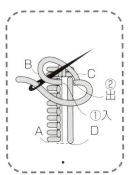

⑫ Bの最後の結び玉をすくい、Cから針を出す

⑬ 糸を全部引き抜く前に、できた輪の下から上へ針をくぐらせる

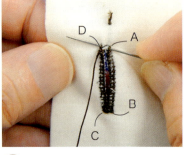 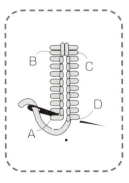 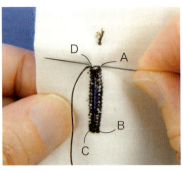 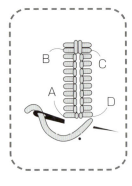

⑭ C〜Dを同様にかがり、Aのかがり始めの糸をすくい、糸を引き締める

⑮ A〜Dに2回止め糸を渡す

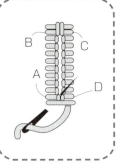 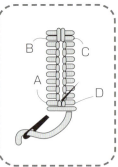 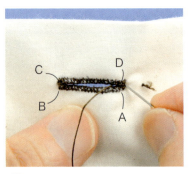 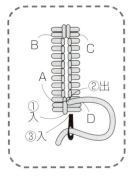

⑯ 糸をボタン穴から出す

⑰ 止め糸をまとめるように2回糸を渡す

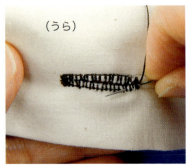  

⑱ 裏側に返し、かがった糸の部分に針をくぐらせる

⑲ かがった部分をすくって返し縫いをし、糸を切る

⑳ 表に返して始めに作った玉結びを切って出来上がり

はと目つき穴かがり

ジャケットやコートなど、糸足がしっかりついたボタンをつける場合に良く使われます。ボタン穴の大きさは、使用するボタンに合わせて決めます。はと目つき穴かがりは、コートやジャケットなど、厚めの生地で使うことが多いかがり方です。

（おもて）

かがり方手順

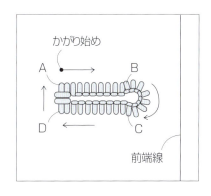

★＝ボタン穴の大きさ
決め方は84ページ参照

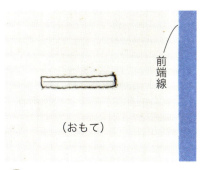

① ボタン穴をあける位置にチャコペンで印をつけ、まわりにミシンをかける（穴ミシン）

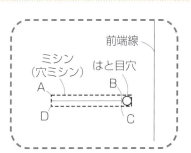

② 前端線側にポンチではと目穴をあける

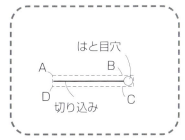

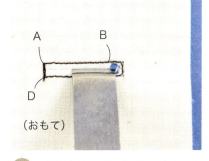

③ ノミやリッパーなどでボタン穴の切り込みを入れる

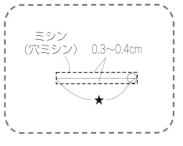

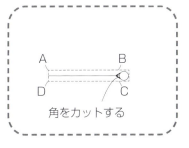

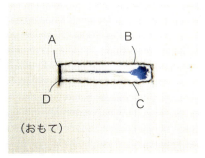

④ はと目とボタン穴の切り込みの間の角を、つながりが良いようにカットする

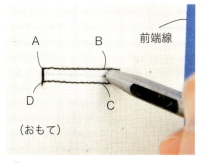

ボタン穴の作り方 はと目つき穴かがり

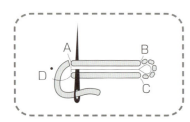
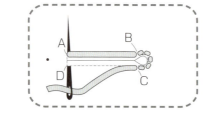
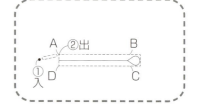

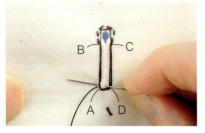
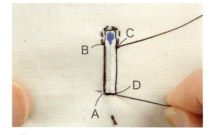

⑦ 切り込みから針を入れ、裏側から穴ミシンのきわに針を出す

⑥ 穴ミシンの線上に糸を渡す（芯糸）。はと目部分は穴に合わせて細かく縫う

⑤ 糸は一本どりで玉結びをし、少し離れたところから2枚の生地の間を通し、穴かがりをする始めの位置（A）に針を出す

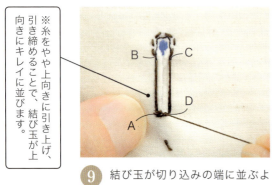
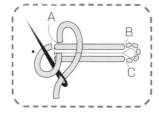

※糸をやや上向きに引き締めることで、結び玉が上向きにキレイに並びます。

⑨ 結び玉が切り込みの端に並ぶように、結び玉近くの糸を持ち、水平よりやや上向きに引き上げ、引き締める

⑧ 糸を全部引き抜く前に、できた輪の下から上へ針をくぐらせる

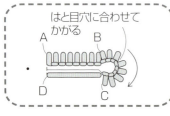
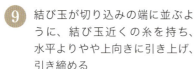
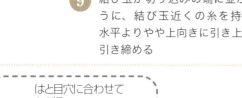
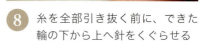
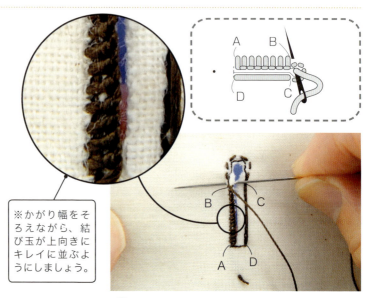

はと目穴に合わせてかがる

※かがり幅をそろえながら、結び玉が上向きにキレイに並ぶようにしましょう。

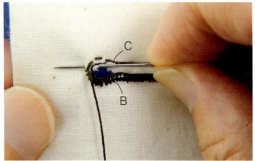

⑪ B〜Cまではと目に合わせて丸くかがる

⑩ ⑦〜⑨を繰り返し、A〜Bまでのボタン穴の上端をすべてかがる

92

ボタン穴の作り方 / はと目つき穴かがり

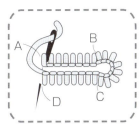

⑬ Aのかがり始めの糸をすくい、糸を引き締める

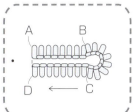
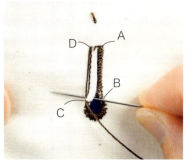

⑫ 同様にC〜Dのボタン穴の下端をすべてかがる

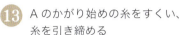
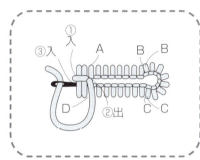
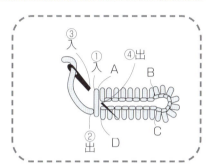

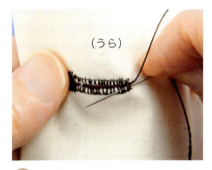

⑯ 裏側に返し、かがった糸の部分に針をくぐらせる

⑮ 止め糸をまとめるように2回糸を渡す

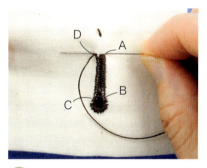

⑭ A〜Dに2回止め糸を渡し、ボタン穴から針を出す

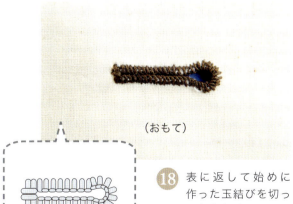
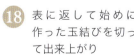

⑱ 表に返して始めに作った玉結びを切って出来上がり

⑰ かがった部分をすくって返し縫いをし、糸を切る

布ループの作り方・つけ方

ループには丸ゴムを使う場合もありますが、つけ方は布ループと同様です。カフスや前身頃の打ち合いなどにも使われますが、比較的よく使われる後ろ身頃のスラッシュあきを例にしてご紹介します。

印の付け方

印は、出来上がり線の縫い印、ループ位置（★）、中心線につけます。消えるチャコペンを使い、表に印が残らないようにしましょう。

① パーツを裁断し、印を入れる（バイアス布は使用する布ループより長く用意します）

出来上がりのループ位置

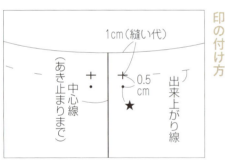

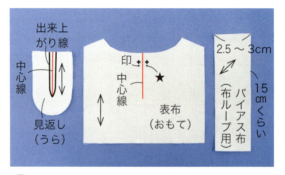

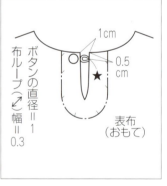

② バイアス布を二つに折り、折り山から0.3cmのところに細かい針目でミシンをかける

④ 縫い代を0.2cm幅にカットする

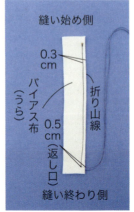

③ 縫い終わり（返し口）は少し広めになるように縫い、返し縫いをする。糸は表に返す時のためにバイアス布より長めに残しておく

ボタン穴の作り方・布ループの作り方・つけ方

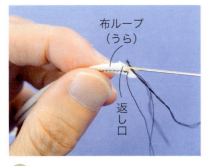
⑦ 針穴側から布ループの中に針を通す

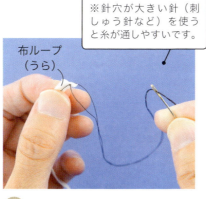
⑥ 残した糸を針に通す

※針穴が大きい針（刺しゅう針など）を使うと糸が通しやすいです。

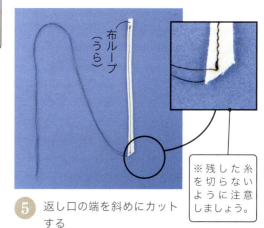
⑤ 返し口の端を斜めにカットする

※残した糸を切らないように注意しましょう。

※糸を引く前に返し口を目打ちで広げると返しやすくなります。

⑩ 糸をしっかり指に巻き、返し口の縫い代を指で押さえて糸を引く

⑨ 最後まで通して、針から糸を抜く

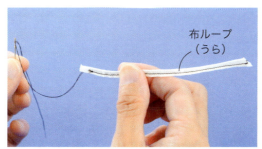
⑧ 布ループの間に針を少しずつ通していく

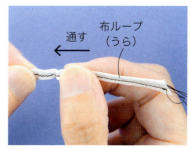

※縫い代を押さえて少しずつ糸を引き、表に返していきます。

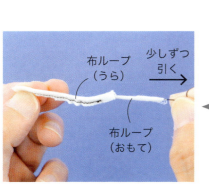
縫い代部分を押さえながら糸を引き、布を表に返す。この時、無理に引き過ぎると糸が切れるので注意。

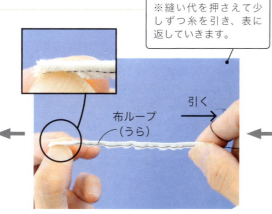
端が返りにくい場合は、返し口から目打ちを入れて、中の布を整えながら少しずつ糸を引く

布ループの長さの決め方

（ボタンの直径×2）＋ボタンの厚み＋（布ループの縫い代×2）＝布ループの長さ

※ボタンの直径1cm、厚み0.2cm、布ループの縫い代1cmの場合

（1cm×2）＋ 0.2cm ＋（1cm×2）＝4.2cm

↓

布ループを4.2cmの長さにカット

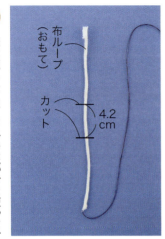

⑪ 表に返したら、きれいな部分を使って、必要個数分の布ループをカットする（今回は1個分）

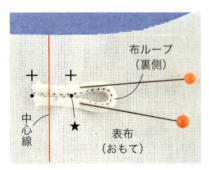

⑬ ★に中心を合わせてまち針でとめる

縫い目が内側に来るように整える

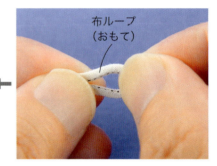

⑫ カットした布ループの形を整える

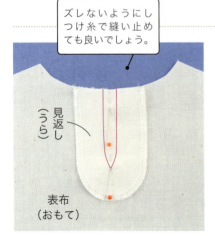

⑯ 表布と見返しを中表にし、中心線を合わせてまち針でとめる

ズレないようにしつけ糸で縫い止めても良いでしょう。

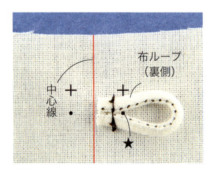

⑮ 縫い代を中心線に重ならないところでカットする

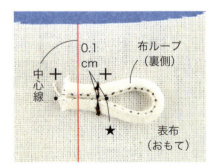

⑭ 縫い代に仮止めする

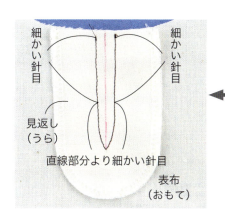

⑱ カーブ部分は直線部分より針目を細かくして縫う

⑰ 針目を細かくして、スラッシュあき部分を縫う

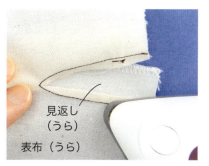

㉑ 見返しを開き、縫い代を見返し側に倒す

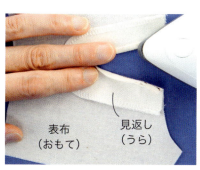

⑳ アイロンで縫い代を見返し側に折る

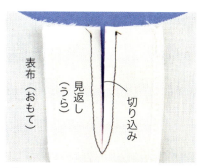

⑲ ミシン目のきわまで中心線に切り込みを入れる

布ループに合わせてボタンをつける

出来上がり

㉒ 表に返して整える

ボタンのつけ方

ボタン位置の決め方は84ページを参考にしてください。

> **使用する糸**

ボタンつけに使用する糸はボタンの大きさや重さ、表布の厚みを考慮して決めます。ボタンつけ専用の糸もあります。ブラウスやチュニックなどの薄手の生地には30番、ジャケットやコートなど厚手の生地には20番を目安にしましょう。細い糸を使う場合は2本どりで使用してください。

足つきボタンのつけ方

足付きボタンには、方向性のある柄や形のものがありますので、向きに気をつけてつけましょう。ボタンに足がついているので、基本は糸足は作らずにつけます。上前の厚さによっては、短かめに糸足をつけます。

足部分 （おもて） （おもて）

2 ボタンの足部分に糸を通し、裏側に針を出す

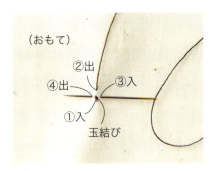

1 表側から針を入れ、ボタンをつける位置の生地をすくう

ボタンのつけ方

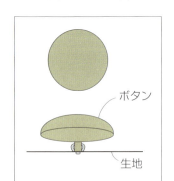
ボタン
生地

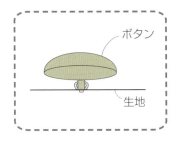
ボタン
生地

4 ②〜③を繰り返して3〜4回糸を渡す

3 表側に針を出し、ボタンの足部分に糸を通す

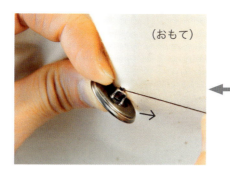
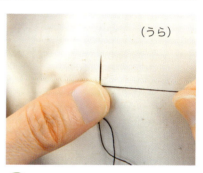

⑦ 根元に2〜3回針を通し、裏側に針を出す

⑥ 糸で輪を作り、針を下から通して引き締める

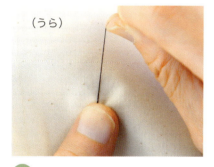
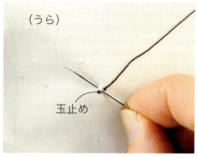
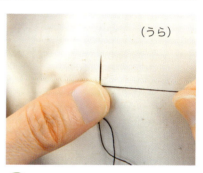

⑩ 玉止めした所の生地を指でしっかり押さえ、糸をキュッと引き、玉止めを生地の間に引き入れる。糸をカットする

⑨ 玉止めしたところのすぐそばに針を入れ、生地の間に針を通し、少し離れたところに針を出す

⑧ 玉止めをする

出来上がり

四つ穴ボタンのつけ方

ブラウスやチュニックなどにつける一般的なボタンのつけ方をご紹介します。しっかり糸足をつけることで、ボタンが安定し、ボタンを留めたときにも上前の生地が埋まることなく、キレイに見えます。

（おもて）

ボタンのつけ方

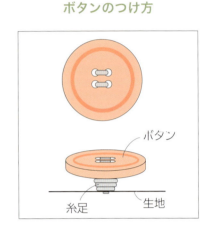

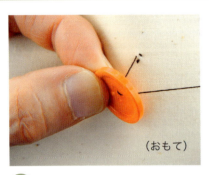
❷ 上のボタンの穴に通す

❶ 表側から針を入れ、ボタンをつける位置の生地をすくう

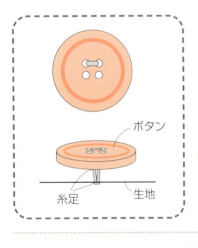

❸ 針を生地の裏側に出し、生地とボタンの間に生地の厚み分よりやや多めにゆとりをもたせる（糸足分）

※糸が絡んだり、よじれたりしないように気をつけましょう。

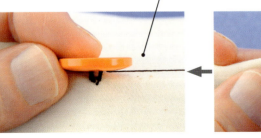
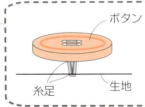

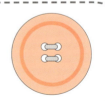

❺ ❷〜❹を繰り返してボタンの穴にそれぞれ2〜3回糸を渡し、最後の糸をボタンと生地の間に出す

❹ 表側に針を出し、下の穴へ糸を渡す

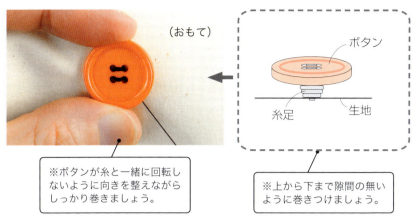
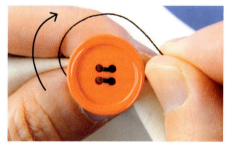

（おもて）

※ボタンが糸と一緒に回転しないように向きを整えながらしっかり巻きましょう。

ボタン
糸足
生地

※上から下まで隙間の無いように巻きつけましょう。

6 ボタンと生地の間に渡っている糸をボタン側から生地側に一巻ずつギュッギュッと引き締めるように、糸を巻きつける（糸足）

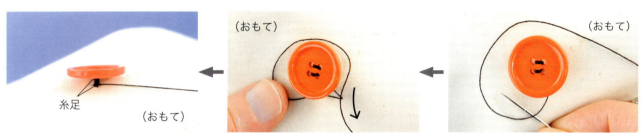

糸足 （おもて） （おもて） （おもて）

7 巻いた糸が緩まないように糸で輪を作り、針を下から通して引き締める

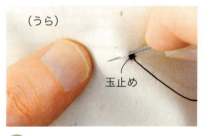
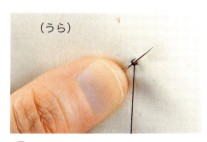

（うら） 玉止め　　（うら）　　（おもて）

10 玉止めをしたところのすぐそばに針を入れ、生地の間に針を通し、離れたところに出す

9 玉止めをする

8 糸足の根元に2～3回針を通す

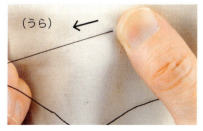

糸足 （おもて）　　（おもて）　　（うら）

出来上がり

11 玉止めした所の生地を指でしっかり押さえ、糸をキュッと引き、玉止めを生地の間に引き入れる。糸をカットする

二つ穴ボタンのつけ方（力ボタンをつける場合）

（おもて）

力ボタンをつけるボタンのつけ方をご紹介します。ジャケットやコートなどは生地が厚く、使用するボタンも大きく重たくなってくるため、生地やボタンつけ糸が傷みやすくなります。そこで、力ボタンをつけると、生地や糸にかかる負担を分散することができます。2つ穴ボタンを使って、手順をご紹介します。

ボタンのつけ方

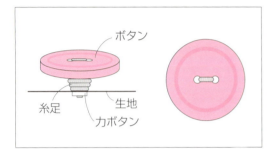

使用するボタン

力ボタンとは、平たく、直径0.8cm～1cmの小さいサイズのボタンです。色は黒～透明まで何色かあるので、表布に合わせて選びましょう。2つ穴の他に4つ穴の力ボタンもあります。

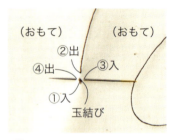

1. 表側から針を入れ、ボタンをつける位置の生地をすくう

2. ボタンの穴に針を通す

3. 針を生地の裏側に出し、生地とボタンの間に生地の厚み分よりやや多めにゆとりをもたせる（糸足分）

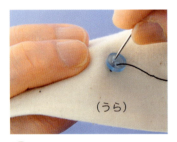

4. 裏側に出した針を力ボタンの穴に通す

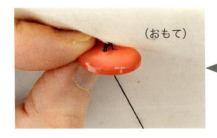

表側は生地とボタンの間の糸足分のゆとりを保ったままにする

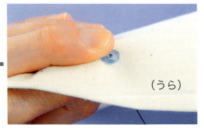

6. 裏側の力ボタンが緩まないように、ぴったり生地に沿わせるように糸を引く

5. 表側に針を出し、ボタンの穴へ針を出す

⑧ ボタンと生地の間に出す

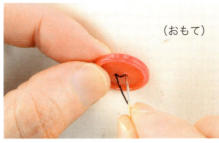
⑦ ②〜⑥を3〜4回繰り返して、ボタンとカボタンに糸を渡す

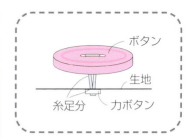

⑩ 巻いた糸が緩まないように糸で輪を作り、針を下から通して引き締める

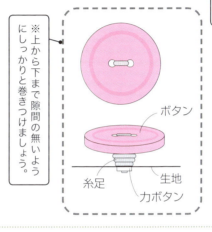
※上から下まで隙間の無いようにしっかりと巻きつけましょう。

※カボタン側の糸が緩まないように気をつけましょう。

⑨ ボタンと生地の間に渡っている糸をボタン側から生地側に一巻ずつギュッギュッと引き締めるように、糸を巻きつける

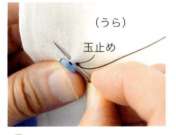
⑭ 玉止めしたところのすぐそばに針を入れ、生地の間に針を通し、少し離れたところに針を出す

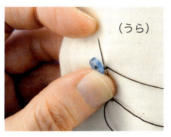
⑬ 玉止めをする

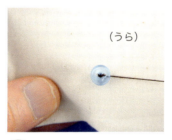
⑫ 裏側のカボタンと生地の間に針を出す

⑪ 糸足の根元に2〜3回針を通す

糸足

出来上がり

⑮ 玉止めした所の生地を指でしっかり押さえ、糸をキュッと引き、玉止めを生地の間に引き入れる。糸をカットする

ファスナーのつけ方

ファスナーのつけ方

ファスナーは、使用する寸法で止め金具を止め直し、長さを調整します。フラットニットファスナーなどは止め位置にミシンで返し縫いをして、長さを調整することも出来ます。スカートや、ワンピースのあきの縫い方の参考にしてください。後ろ中心のファスナーあきを想定して解説します。

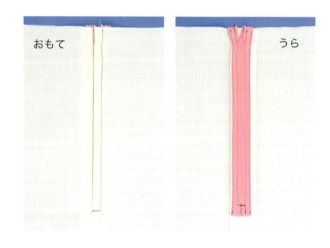

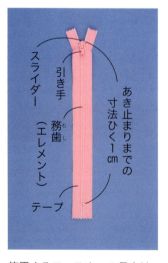

① 縫い代をつけて裁断し、右側の裏側の縫い代に接着芯をはる

使用するファスナーの長さは「あき止まりまでの寸法−1cm」になります。

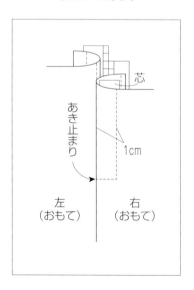

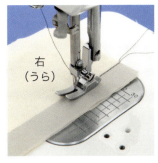
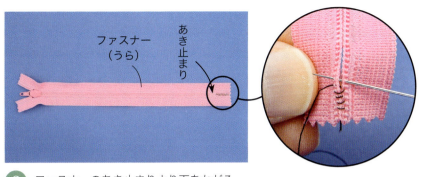

③ 左右を中表に合わせて、粗い針目のミシンであき止まりまで縫う

② ファスナーのあき止まりより下をかがる

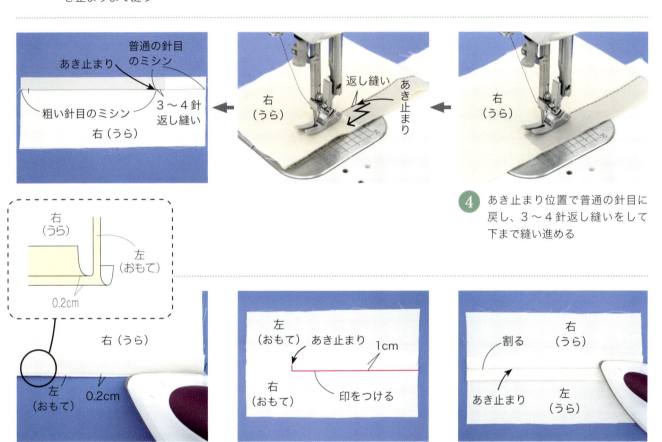

④ あき止まり位置で普通の針目に戻し、3～4針返し縫いをして下まで縫い進める

⑦ 左側の縫い代をあき止まりより少し先まで0.2cm出して折る

⑥ 右側の生地のステッチ位置に消えるチャコペンで印をつける

⑤ 縫い代をアイロンで割る

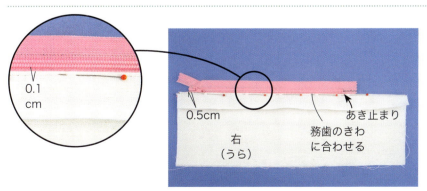

⑧ ファスナーをまち針でとめる（しつけでもよい）

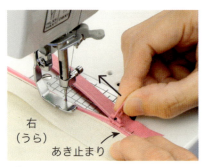
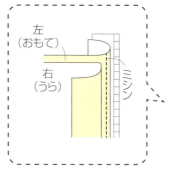

⑩ あき止まりの少し手前まで縫ったら、針を刺したまま押え金を上げ、ファスナーを閉じる

⑨ スライダーを下まで下げ、押え金を「ファスナー押え」に替えてファスナーを縫い止める

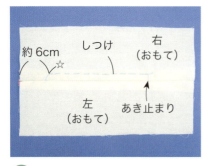
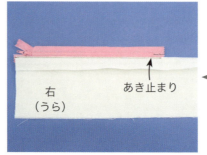
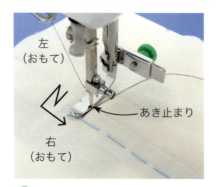

⑫ 生地を表に返して整え、ステッチ位置の印より0.1cm〜0.2cm外側に☆までしつけをする

⑪ ファスナーを閉じた状態でファスナーの下まで縫う

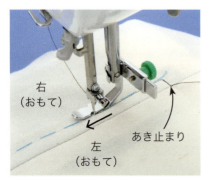

⑭ あき止まり側から上に向かってステッチでファスナーを縫い止める

⑬ あき止まりで一往復返し縫いをする

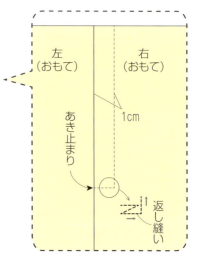

⑰ 押え金を下げて、ファスナーと生地がズレないように押さえて上まで縫う

⑯ 針を刺したまま押え金を上げ、スライダーを下げる

⑮ ☆の位置まで縫ったら、針を刺したまま粗い針目のミシンを10cmくらいほどく

スライダーの厚みが気になる場合

スライダーの厚みで、ファスナーを閉めた時にスライダー部分の布が左右に引っ張られたように開いてしまう場合があります。そんな時は、ステッチの幅を図のように少し広げることで生地が引っ張られにくくなります。

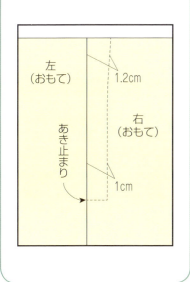

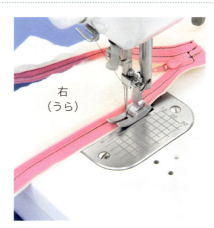
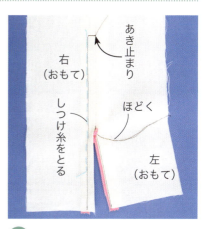

⑲ ファスナーテープを落ち着かせるため、テープを縫い代にミシンでとめる

⑱ あき止まりまでの粗い針目のミシンをほどき、しつけ糸をとる

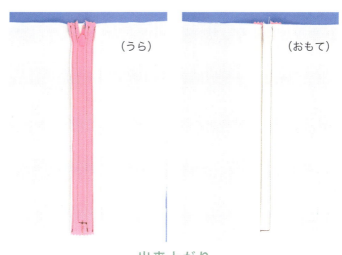

出来上がり

コンシールファスナーのつけ方

コンシールファスナーは、エレメント（務歯）やステッチが表に出ないので、デザインの邪魔をすることなくファスナーあきを作ることが出来ます。あき止まりより3〜3.5cm長いものを用意し、最後に止め金具をペンチで止めて使用します。後ろ中心のファスナーあきを想定して解説します。

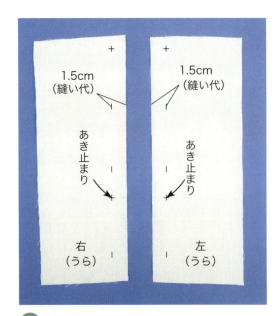

① 縫い代をつけて裁断する

使用するファスナー

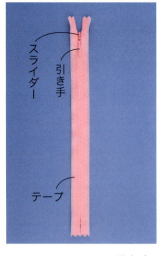

コンシールファスナーは務歯（エレメント）が見えない方が表側になります。

仕立て方図

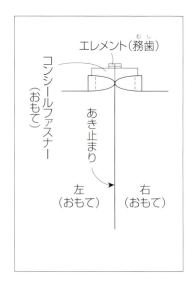

ファスナーのつけ方

コンシールファスナーのつけ方

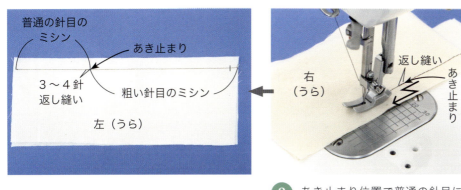

3 あき止まり位置で普通の針目に戻し、3〜4針返し縫いをして下まで縫い進める

2 左右を中表に合わせて、粗い針目のミシンであき止まりまで縫う

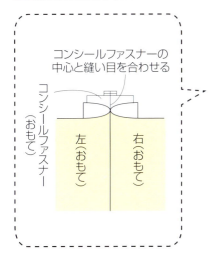
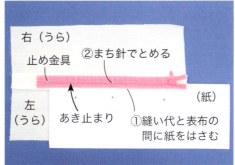
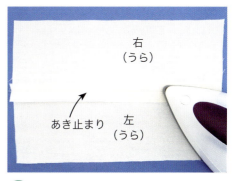

5 止め金具をあき止まりより下に下げ、コンシールファスナーの中心を縫い目に合わせて、縫い代のみまち針でとめる

4 縫い代をアイロンで割る

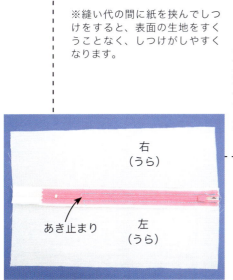
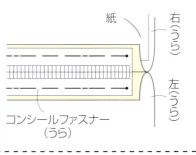
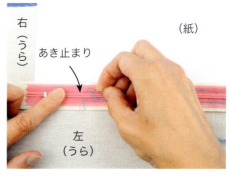

※縫い代の間に紙を挟んでしつけをすると、表面の生地をすくうことなく、しつけがしやすくなります。

6 縫い代にコンシールファスナーをしつけでとめる（途中何か所か返し縫いをし、あき止まりで返し縫いをしてとめる）

⑨ あき止まりより下までスライダーを下げるために引き手を生地とファスナーの間に通す

⑧ スライダーをさげる

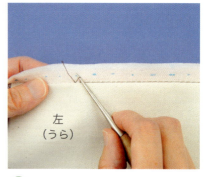

⑦ あき止まりから上の粗い針目のミシン目をほどく

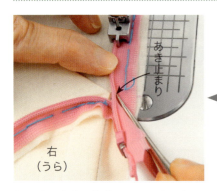

⑩ あき止まりを目打ちでしっかりと押さえてあき止まりまで縫い、返し縫いをする。（あき止まりより下まで縫わないように注意）

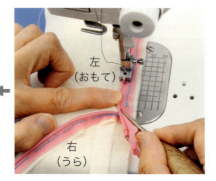

⑪ 押さえ金を「コンシールファスナー押え」に替える。押さえ金の溝にエレメントを合わせ、エレメントを指で起こしながらエレメントのきわを縫う

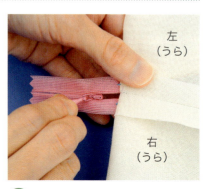

⑩ スライダーを下まで下げる

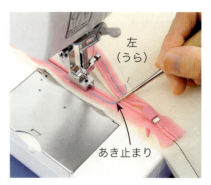

⑬ 引き手を上側に向け、表側に出るように引き上げる

⑫ 反対側も同様に、あき止まりまで縫う

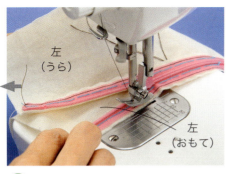

⑯ 反対側も同様にテープを縫い代にミシンでとめる

⑮ 途中まで縫い進めたら、スライダーを上まで上げ、テープの下まで縫う

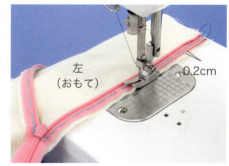

⑭ 普通の押さえ金に替えて、ファスナーテープを落ち着かせるためにテープの端を縫い代にミシンでとめる

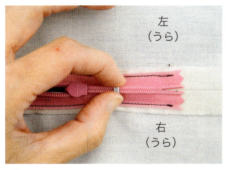

⑱ 裏側に返し、止め金具をスライダーの位置まで上げる

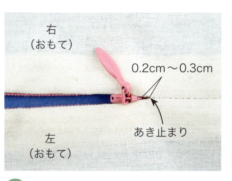

⑰ スライダーをあき止まりまで下げ、そこから0.2cm～0.3cm上にあげる

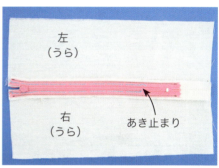

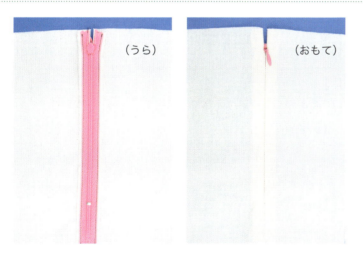

出来上がり

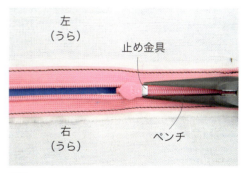

⑲ ペンチで止め金具を固定する

オープンファスナーのつけ方

> 使用するオープンファスナー

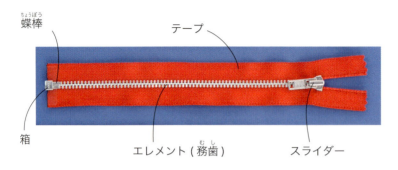

種類によってエレメントやテープ幅が違いますので、つける前に確認してください。

務歯が隠れるつけ方

縫い代をロックミシンで始末する一重仕立ての方法です。ジャケットや厚地のパーカなどは、縫い代をバイアステープで始末する場合もあります。

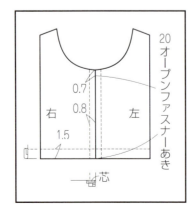

ファスナーつけ位置

オープンファスナーのつけ方

務歯が隠れるつけ方

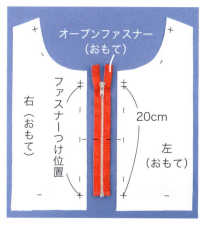

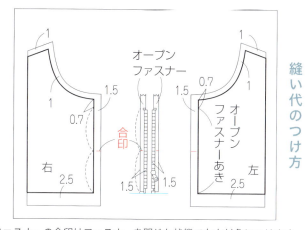

縫い代のつけ方

1 縫い代のつけ方を参考に縫い代をつけ、裁断する（印は裏側につける）

※ファスナーの合印はファスナーを閉じた状態で左右対象につけます。

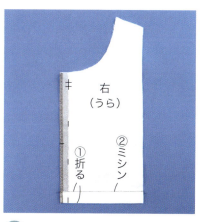

4 中表に合わせ、粗い針目のミシンで中心線を縫う

3 裾線を三つ折りし、縫う

2 縫い代に接着芯をはり、ロックミシンをかける

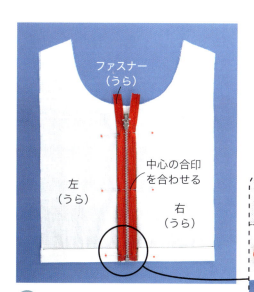

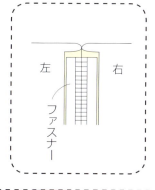

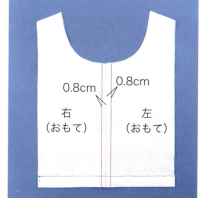

6 中心線とエレメントの中心がずれないように合印を合わせ、表布とファスナーをまち針でとめる

5 縫い代を割り、消えるチャコペンなどで表側に出来上がりのステッチ線を書く

※ステッチが曲がらないように表側から線を引きますが、表布の端切れに試し書きをし、あとが残らないか、生地が傷まないかなど、確かめてから、チャコペンを使用してください。

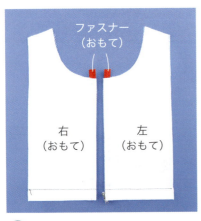
⑨ オープンファスナーをあける

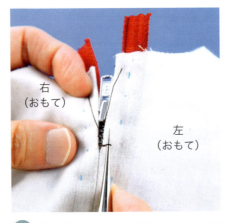
⑧ 粗い針目のミシンを下まですべてほどく

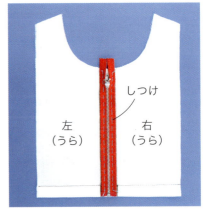
⑦ 表側まで通してしつけでとめる（❺の印に重ならないようにする）

⑪ スライダーがついている側は途中でスライダーを移動し、下まで縫う

⑩ 押さえ金をファスナー押えに替え、❺で引いた線に合わせて下まで縫う

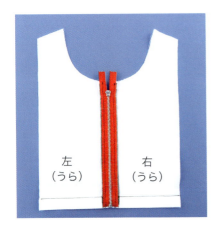

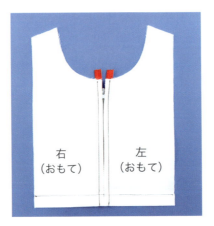
出来上がり

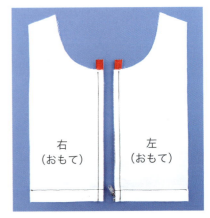
⑫ しつけをとる

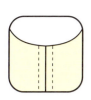

務歯が隠れるつけ方（見返し仕立て）

見返しつきの縫い方です。身頃と見返しの前端の縫い代に差をつけることで、見返しが控えられ、きれいに出来上がります。

うら

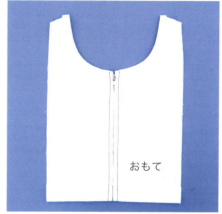
おもて

縫い代のつけ方

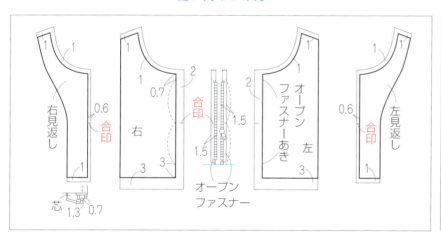

ファスナーつけ位置

2 身頃の縫い代に接着芯をはる

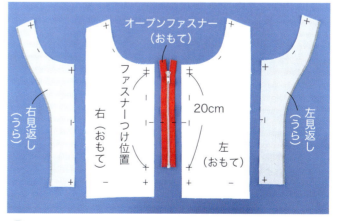

1 縫い代のつけ方を参考に縫い代をつけ、裁断する。見返しには接着芯をはり、ロックミシンをかける（印は裏側につける）

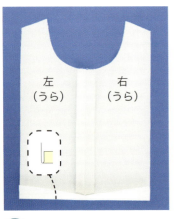
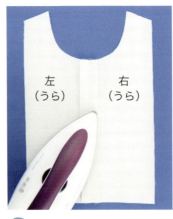

5 裾線を出来上がり線で軽く折る

4 縫い代をアイロンで割る

3 左右の身頃を中表に合わせ、粗い針目のミシンで出来上がり線を縫う

※ステッチが曲がらないように表側から線を引きますが、表布の端切れに試し書きをし、あとが残らないか、生地が傷まないかなど、確かめてから、チャコペンを使用してください。

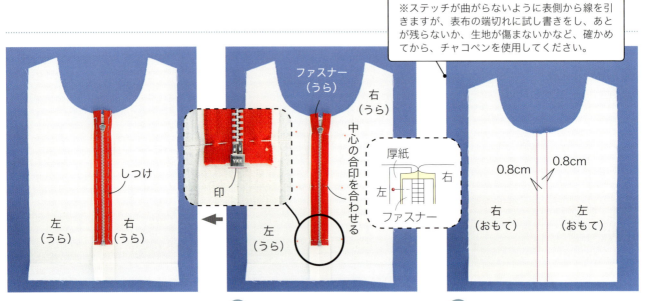

縫い代と身頃の間に厚紙を挟み、表布の縫い代にのみファスナーをしつけでとめる

7 出来上がり線とエレメントの中心がずれないようにファスナーつけ位置を合わせる

6 消えるチャコペンなどで表側に出来上がりのステッチ線を書く

10 押さえ金をファスナー押さえに替えて、端から1.3cmのところを縫う

9 表布と見返しを中表に合わせ、裁ち端を揃えてとめる

8 粗い針目のミシンを下まですべてほどき、ファスナーを開ける

オープンファスナーのつけ方 務歯が隠れるつけ方（見返し仕立て）

⑪ スライダーがついている側は途中でスライダーを移動し、下まで縫う

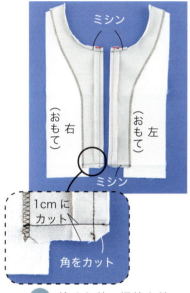

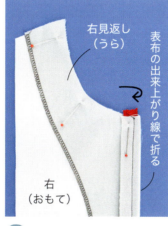
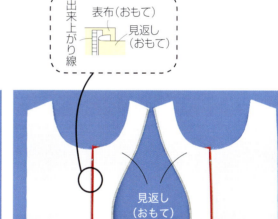

⑭ 衿ぐり線、裾線を縫い、縫い代を出来上がり線で折る

⑬ 中表になるように表布の出来上がり線で折り、まち針でとめる

⑫ アイロンで縫い代を見返し側に倒す

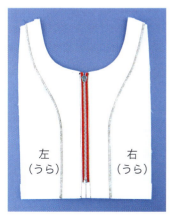

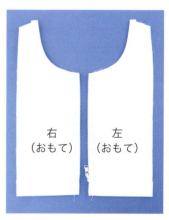

出来上がり

⑯ ⑥で引いた線に合わせて下まで縫い、しつけをとる

⑮ 表に返して整え、⑥の印に重ならないように0.1cm離してしつけをする

務歯が見えるつけ方

縫い代をロックミシンで始末する一重仕立ての方法です。ジャケットや厚手のパーカなどは、縫い代をバイアステープで始末する場合もあります。

縫い代のつけ方

ファスナーつけ位置

① 縫い代のつけ方を参考に縫い代をつけ、裁断する。前端の縫い代はロックミシンをかける

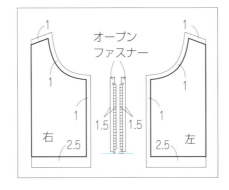

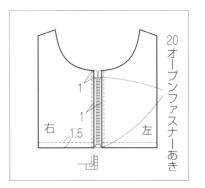

③ 裾線を縫う

② 裾線を三つ折りする

オープンファスナーのつけ方　務歯が見えるつけ方

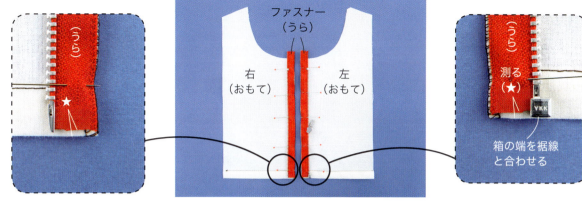

④ ファスナーつけ位置を合わせてテープをまち針でとめる

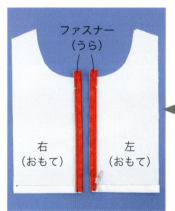 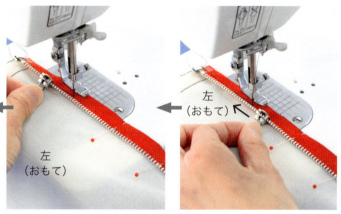 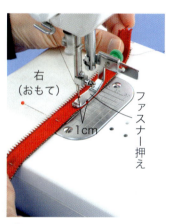

⑥ スライダーがついている側は針を刺したまま押さえ金を上げ、スライダーを移動して下まで縫う

⑤ 押さえ金をファスナー押えに替えて、出来上がり線を縫う

※ステッチ幅が狭く、縫いづらい場合は、ファスナー押えを使用してステッチをかけます。

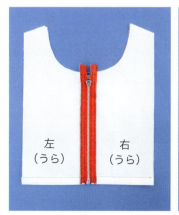 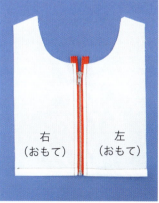 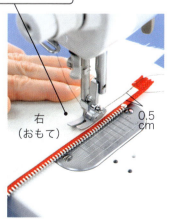 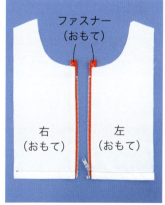

出来上がり

⑧ 普通の押さえ金に替えて、表側からステッチをかける

⑦ ファスナーを表に返し、アイロンで整える

務歯が見えるつけ方（見返し仕立て）

うら

おもて

見返しつきの縫い方です。裏地がつく場合に多く使われます。

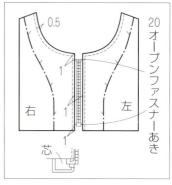

ファスナーつけ位置

20 オープンファスナーあき
0.5
右　左
1　1
1
芯

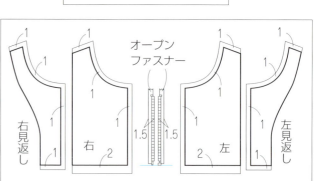

縫い代のつけ方

右見返し　右　オープンファスナー　左　左見返し
1　1　1.5　1.5　1　1
2　2

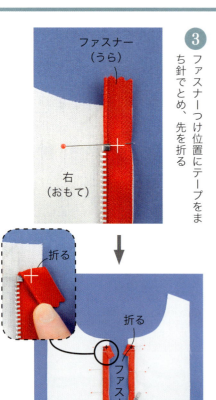

3 ファスナーつけ位置にテープをまち針でとめ、先を折る

※ファスナーテープの縫い代が目立たないように2回折る方法もあります。

1 縫い代のつけ方を参考に縫い代をつけ、裁断する。見返しには接着芯をはり、ロックミシンをかける

2 裾線を出来上がり線で折る

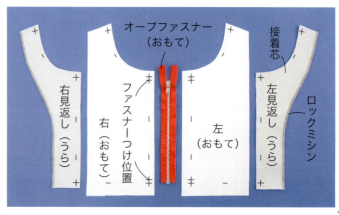

右見返し（うら）　オープファスナー（おもて）　左見返し（うら）
ファスナーつけ位置　接着芯
右（おもて）　左（おもて）　ロックミシン

オープンファスナー つけ方

務歯が見えるつけ方（見返し仕立て）

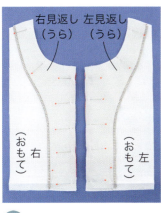
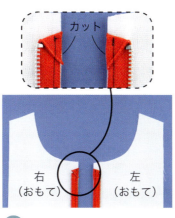
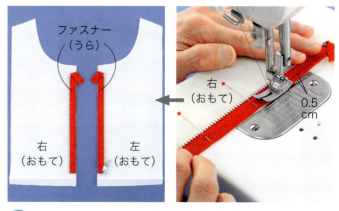

⑥ 見返しをまち針でとめる

⑤ テープの端をカットする

④ 縫い代にミシンで仮止めする（スライダーがついている側は針を刺したまま押さえ金を上げ、スライダーを移動して下まで縫う）

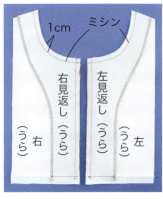
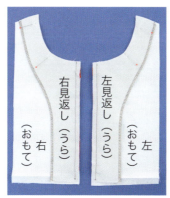
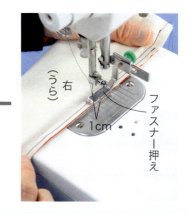

⑧ 普通の押さえ金に替えて、衿ぐり線、裾線を同様に縫う

⑦ 押さえ金をファスナー押さえに替え、表布側を上にしてり線にミシンをかける（見返し側にとめたまち針を外しながら進める）

⑩ 見返し側はアイロンで出来上がり線が入るところまで出来上がり線で折る

⑨ 衿ぐり線は縫い代に切り込みを入れて出来上がり線で折る。角の縫い代をカットする

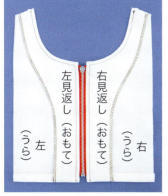
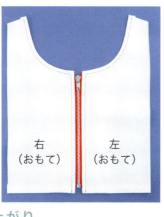
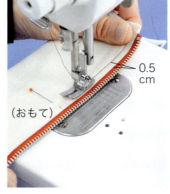
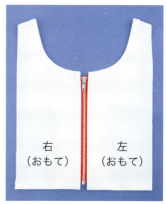

出来上がり

⑫ 表側からステッチをかける

⑪ 表に返す

その他の縫い方

 ## ひもの縫い方

ひもは太さや用途によって縫い代のつけ方や縫い方がさまざまです。今回は幅が狭い場合は出来上がりに折って上からミシンで押さえる方法で、幅が広い場合は中縫いをして表に返す縫い方でご紹介します。

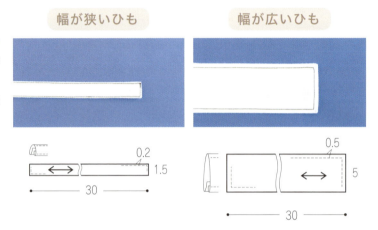

出来上がりに折る場合（幅が狭いひも向け）

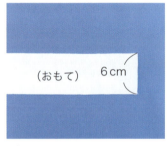 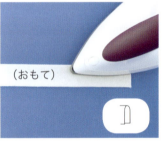  

1 縫い代をつけて布を裁つ（出来上がり寸法×4＝6cm）

2 二つに折る

3 布を開き、上下は折り目から0.1cm〜0.2cm（厚み分）離して折る。両端は出来上がり線で折る

4 ②の折り目を戻し、アイロンで整える

  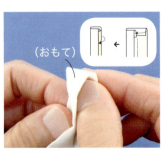 

5 ③で折った縫い代を一度開く

6 二つ折りに戻す

7 端の縫い代を間に折り込む

8 目打ちで整える

その他の縫い方 ひもの縫い方

出来上がり

⑩ 縫い終わりは、縫い始めの針目と3針くらい重ねて縫い、返し縫いをする

⑨ 縫い始めは返し縫いをせずにステッチをかける

中縫いをして表に返す場合（幅が広いひも向け）

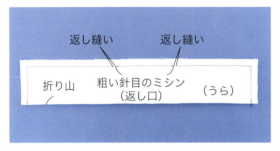
返し口部分はミシン目を粗くして8cmほど縫う

② 中表に合わせて二つに折り、縫う

① 縫い代をつけて布を裁つ（出来上がり寸法×2＋縫い代2cm＝12cm）

⑤ 粗い針目のミシン（返し口）をほどく

※生地が厚い場合は縫い代を折った後、角をカットすると返しやすくなります。

④ 縫い代をミシン目で折る（特に角はしっかり折る）

③ 両端をアイロンで折る

出来上がり

⑧ 縫い始めは返し縫いをせずにステッチをかけ、縫い終わりは、縫い始めの針目と3針くらい重ねて縫い、返し縫いをする

⑦ 返し口をまつる

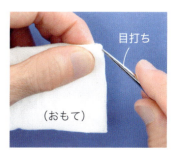
⑥ 返し口から表に返して角を整える（目打ちで織り糸を引き抜かないように注意）

糸ループの作り方

ウエストのひも通しや、スカートの裾に裏布を止めつけるときに糸ループを作ります。使用する糸は太めの手縫い糸（２０番〜３０番くらい）がオススメです。くさり編みで作る方法と、芯糸を渡して糸を絡めていく方法の２種類をご紹介します。

くさり編みで作る方法	芯糸を渡して作る方法
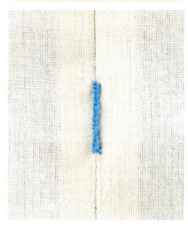	

くさり編みで作る方法

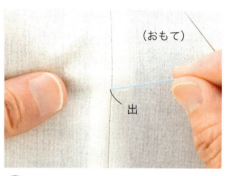

1 玉結びをして、糸ループのつけ位置の下側に裏側から針を出す

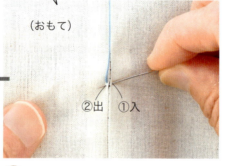

※返し縫いをすることで根元がしっかりとつきます。

2 ①から裏側に針を出し、生地をしっかりとすくい、②から表側に出す（返し縫い）

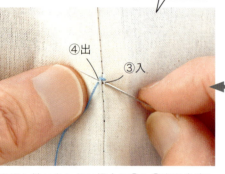

※生地は裏側までしっかりとすくいましょう。

※返し縫いをしない場合は①入②出を省略して、③入④出のみを行います。

3 糸は全部引き抜かずに、出来た輪の外側から親指と人差し指を入れる。左手は糸ループの根元をしっかり押さえながら針につながっている方の糸を持つ

4 右手は人差し指で左手で持っている糸を引っかけ、穴の中をくぐらせるように引っ張る。左手は生地と糸をしっかり押さえたまま、緩まないようにする

5 新しく出来た輪を引き締めるように、輪の下側の糸を中指で引く

その他の縫い方 / 糸ループの作り方

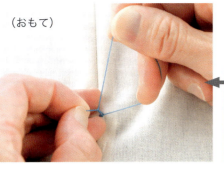
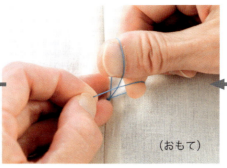

⑦ ④〜⑥を繰り返して必要な長さの糸ループを上に向かって編む

⑥ 新しく出来た輪に指を通す

⑨ 糸ループつけ位置の上側に針を刺す

⑧ 編み終わりは輪の中に糸を通して引き抜く

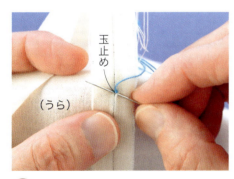
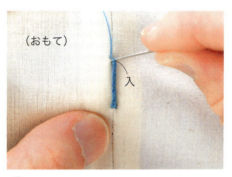
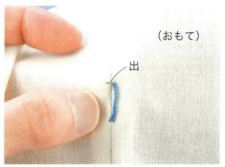

⑫ 玉止めをし、縫い代に返し縫いをして糸を切る

⑪ 針を布ループの最後の編み目に通しながら裏側に出す

⑩ 表に針を出す

くさり編みを編んだように細めに出来上がります。太めの糸を使用すると、より編み目がしっかりと出来上がります。

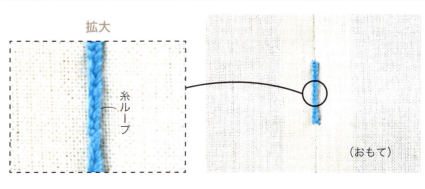

拡大 / 糸ループ / 出来上がり / (おもて)

芯糸を渡して作る方法

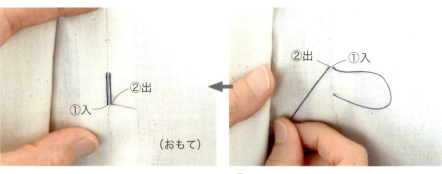

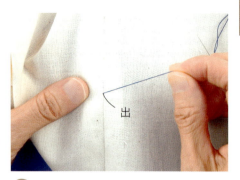

芯糸を2〜4本渡す

② 糸ループつけ位置に糸を渡す

① 玉結びをして、糸ループのつけ位置の下側に裏側から針を出す

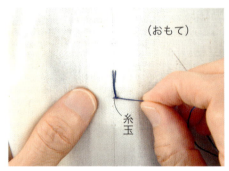

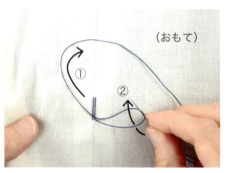

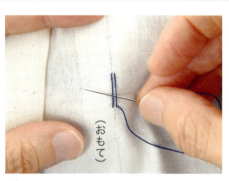

⑤ 水平に糸を引き締め、結び玉を作る

④ 糸は全部引き抜かずにできた輪の下から上へ針をくぐらせる

③ 渡した糸と生地の間に針をくぐらせる

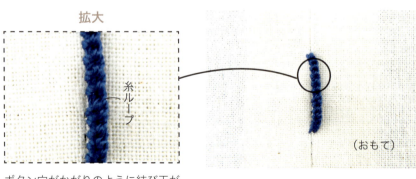

拡大

ボタン穴がかがりのように結び玉が並び、少し太めに出来上がります。

出来上がり

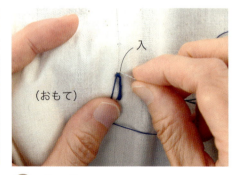

⑥ ❸〜❺を繰り返し、渡した糸の上まで結び玉を作る。最後は❷で渡した糸のすぐ下に針を刺し、裏側で玉止めをする。縫い代に返し縫いをして糸を切る

知っておきたい洋裁用語

中表	生地の表面が中側になるように、表面と表面を合わせること。
外表	生地の表面が外側になるように、裏面と裏面を合わせること。
きせ	縫い目を片倒しする際に出来上がり線でぴったり折らず、縫い目から少しずらして折ることで生じるデザイン以外の数ミリのタックがある状態。
アイロンのアタリ	アイロンの圧力で生地の表面の風合いが変わってしまうこと。縫い代の厚みが表面に折りジワのようにでたり、毛足がある生地の繊維がつぶされて風合いが変わってしまうことで生じる。
縫い代	縫い合わせの際に必要な布の余分。出来上がり線から裁ち端までの部分を示す。
型紙	裁断の際に使う形に切り取った紙。

索引

タックの縫い方	74	アイロンの使い方	12
試し縫い	6	アイロン用具	11
ダーツの縫い方（三角形の場合）	62	足つきボタンのつけ方	98
ダーツの縫い方（ひし形の場合）	65	糸調子のチェック	7
直線の縁どり	48	糸の種類	5
直線の見返し始末	53	糸ループの作り方	124
縫い終わり（返し縫い）	8	円と直線の縫い合わせ方	33
縫い代の処理の基本	9	折り伏せ縫い	40
縫い始め（返し縫い）	7	オープンファスナー・務歯が隠れるつけ方	112
縫い始めの準備	6	オープンファスナー・務歯が隠れるつけ方（見返し仕立て）	115
布ループの作り方・つけ方	94	オープンファスナー・務歯が見えるつけ方	118
バイアステープの作り方	47	オープンファスナー・務歯が見えるつけ方（見返し仕立て）	120
バイアステープを使った曲線の縫い代始末	61	カギホックのつけ方	78
バイアステープを使った直線の縫い代始末	60	額縁仕立て	42
はと目つき穴かがり	91	片倒し	9
針の種類	5	片止め穴かがり	85
控える	10	角と直線の縫い合わせ方	20
ひもの縫い方	122	角のある切り替え線の縫い合わせ方	18
ファスナーのつけ方	104	角の縫い合わせ方（凹の場合）	16
袋縫い	44	角の縫い合わせ方（凸の場合）	13
二つ穴ボタンのつけ方（力ボタンをつける場合）	102	角の見返し始末	56
フリルの縫い合わせ方	72	ギャザーの縫い合わせ方	68
ボタン穴の大きさと位置の決め方	84	曲線の切り替え線の縫い合わせ方	30
本縫い	8	曲線の縫い合わせ方（凹の場合）	26
ミシンで縫う	6	曲線の縫い合わせ方（凸の場合）	22
三つ折り縫い	36	曲線の縁どり	50
三つ折り端ミシン	38	曲線の見返し始末	57
洋裁用具	4	毛抜き合わせ	10
四つ穴ボタンのつけ方	100	コンシールファスナーのつけ方	108
両止め穴かがり	88	スナップのつけ方	81
割る	9	スプリングホックのつけ方	76
		スラッシュあきの見返し始末	58

太田順子（おおたじゅんこ）

東京都出身。文化服装学院で服飾を学んだ後に同学院副主任となる。後にアパレルメーカーに勤務。メンズ服の企画アシスタント、婦人服の企画デザインを経て、現在は洋服の縫製やブティック社のサンプル製作を行っている。

キレイに縫える ソーイングの基本

2019年7月8日　初版発行
編集人　東宮千鶴
発行人　内藤　朗
印刷　　凸版印刷株式会社
発行所　株式会社ブティック社
TEL：03-3234-2001
〒102-8620 東京都千代田区平河町1-8-3
https://www.boutique-sha.co.jp
編集部直通 TEL：03-3234-2051　販売部直通 TEL：03-3234-2081

PRINTED IN JAPAN　ISBN:978-4-8347-9018-4

著者　太田順子
編集　酒井美由紀
校閲　レディブティック編集部
ブックデザイン　牧陽子
撮影　腰塚良彦・島田佳奈・藤田律子

本書は当社より既刊のレディブティック2012年1月号〜2019年2月号から抜粋したものに新規内容を加え、書籍として発行したものです。

【著作権について】
©株式会社ブティック社　本誌掲載の写真・イラスト・カット・記事・キット等の転載・複写(コピー・スキャン他)・インターネットでの使用を禁じます。また、個人的に楽しむ場合を除き、記事の複製や作品を営利目的で販売することは著作権法で禁じられています。万一乱丁・落丁がありましたらお取り替えいたします。

必ず見つかる、すてきな手づくりの本
ブティック社　検索
ブティック社ホームページ
https://www.boutique-sha.co.jp
本選びの参考にホームページをご覧ください

【 SHARE ON SNS! 】
この本を参考に作品を作ったら、自由に写真をInstagram、Facebook、TwitterなどSNSにアップしてください！
読者の皆様が作ってみた、身につけた、プレゼントしたものなど・・・楽しいハンドメイドを、みんなでシェアしましょう！
ハッシュタグをつけて、好きなユーザーと繋がりましょう！
ブティック社公式facebook　boutique.official　「ブティック社」で検索してください。いいね！をお願いします。
ブティック社公式Instagram　btq_official　　ハッシュタグ　#ブティック社　#ハンドメイド　など
ブティック社公式twitter　Boutique_sha　役立つ新刊情報などを随時ツイート。お気軽にフォローしてください！